数智化时代会计专业
—— 融合创新系列教材

会计信息系统应用

用友ERP-U8 V15.0

微课版

金阳 杨阳 马雪◎主编

人民邮电出版社

北京

图书在版编目（CIP）数据

会计信息系统应用 ：用友 ERP-U8 V15.0 微课版 /
金阳，杨阳，马雪主编. -- 北京 ：人民邮电出版社，
2024. 8. --（数智化时代会计专业融合创新系列教材）.
ISBN 978-7-115-64587-6

Ⅰ．F232

中国国家版本馆 CIP 数据核字第 2024K5G422 号

内 容 提 要

　　本书基于业财融合新业态下会计信息化岗位的能力需求，以用友 ERP-U8 V15.0 软件为蓝本，以企业真实案例为依托，按照典型工作任务设计、选取教学内容，创设体验式、模拟式、交互式的工作场景，重点介绍了用友 ERP 软件的主要功能和业务处理方法，内容涵盖系统管理、基础档案设置、总账系统管理、采购与应付款业务处理、销售与应收款业务处理、库存业务处理、固定资产业务处理、薪资业务处理、UFO 报表系统管理等，并配套综合实训案例。

　　本书依托职业教育国家在线精品课程，配备了丰富的线上课程资源，既可作为职业院校、应用型本科院校会计相关专业的教学用书，又可作为会计从业人员培训、"1+X"职业技能等级考证用书。

◆ 主　　编　金　阳　杨　阳　马　雪
　　责任编辑　崔　伟
　　责任印制　王　郁　彭志环
◆ 人民邮电出版社出版发行　　北京市丰台区成寿寺路 11 号
　　邮编　100164　电子邮件　315@ptpress.com.cn
　　网址　https://www.ptpress.com.cn
　　固安县铭成印刷有限公司印刷
◆ 开本：787×1092　1/16
　　印张：14.5　　　　　　　　　　2024 年 8 月第 1 版
　　字数：393 千字　　　　　　　　2025 年 5 月河北第 2 次印刷

定价：59.80 元

读者服务热线：(010)81055256　印装质量热线：(010)81055316
反盗版热线：(010)81055315

前　言

在数字化转型背景下，信息技术在企业经营管理中得到有效应用，越来越多的企业开始推行业财一体化管理。财务的未来是信息化、自动化、数字化与智能化的融合，会计的未来是业务、财务、税务与资金的高度融合。本书以新准则、新标准为依据，采用项目化和任务驱动形式进行教学设计，旨在培养学生在信息化环境下进行会计核算、分析和业务财务一体化应用的能力。

本书主要特色如下。

1. 思政引领，价值体系与知识技能体系同步构建

本书在设计理念上坚持落实立德树人根本任务，遵循高素质技术技能人才成长规律，遵循教材建设规律和教育教学规律，采用案例教学，将党的二十大精神融入教学内容。全书贯彻"法治""敬业""诚信"的社会主义核心价值观，突出"诚信为本，操守为重，坚持准则，不做假账"的会计职业素质养成，潜移默化地将素养教育融入知识技能学习之中。

2. 产教融合，内容设计和编写由学校与企业共同完成

本书内容设计、编写和教学资源制作由河南工业职业技术学院和新道科技股份有限公司、南阳淅减汽车减震器有限公司共同完成。本书在教学内容中有机融入企业真实会计信息化岗位的能力要求和标准等，深度对接行业、企业标准，反映企业新技术、新工艺、新规范和未来技术发展，体现"以学生为中心""做中学、做中教"等职业教育理念和高素质技术技能人才培养特色。

3. 情境牵引，服务会计数智化升级

本书适应人工智能与大数据时代海量会计信息处理、实时云计算、会计智能决策等新型会计业务特征，重构以职业岗位工作流程为导向的内容体系，融入业财一体化"1+X"职业技能等级证书考试和会计行业发展新成果等内容，强化会计核算、智能化出纳、薪资核算、数据采集、统计与分析及业财一体化处理等技能培养，助力企业数智化人才培养和转型升级。

本书由河南工业职业技术学院金阳、杨阳、马雪担任主编，负责拟定全书的编写提纲，并对全书进行审定；河南工业职业技术学院景静、李峰担任副主编，河南工业职业技术学院李西蒙、杜媛媛、杜耀龙和南阳淅减汽车减震器有限公司李志乾参与编写。全书编写分工是：项目1和附录实训1～实训7由金阳编写，项目2、附录实训9由马雪编写，项目3、项目9由杨阳编写，项

目 4 由李峰编写，项目 5 由李西蒙编写，项目 6 由杜媛媛编写，项目 7 由景静编写，项目 8 由杜耀龙编写，附录实训 8 由李志乾编写。

编者在编写本书的过程中得到了各行业专家和合作单位的悉心指导与大力支持，在此表示衷心感谢；同时也参考了大量的专著、相关教材和其他科研成果，在此对相关作者表示感谢。

由于编者水平有限，书中若有不足之处，敬请广大读者和各界同人多提宝贵意见。

编者

2024 年 2 月

目 录

项目 1
系统管理模块应用

项目概述

　　系统管理包括新建账套、新建账套库、账套修改和删除、账套备份、根据企业经营管理中的不同岗位职能建立不同角色、新建操作员和权限的分配等功能。系统管理的使用者为企业的信息管理人员：系统管理员 admin、安全管理员 sadmin、管理员用户和账套主管。本项目主要引导学生认知系统管理的意义，熟悉系统管理的工作内容，明确系统管理在用友 ERP-U8 V15.0 管理系统中的地位，掌握操作员的添加、账套的建立、权限设置的方法及步骤。

学习目标

　　1. 熟练掌握系统管理所包含的主要工作内容，包括用户增加与账套管理、年度账管理、操作员增加及权限设置等。

　　2. 理解会计信息化环境与手工做账环境下企业建账、用户管理、权限管理、数据安全管理、基础信息设置等方面存在的不同。

　　3. 能够根据业务要求运用用友 ERP-U8 V15.0 进行增加用户、新建账套、设置用户权限等操作。

　　4. 培养安全意识、团队合作意识和责任担当精神。

业务处理流程

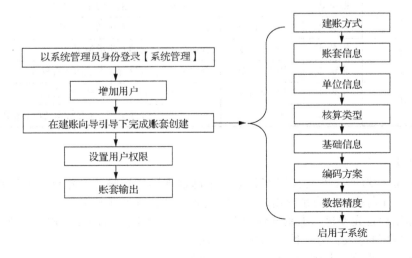

 **案例导入**

蓝星公司是一家制造企业，自 2023 年上线 ERP 系统以来，系统内部的权限管理问题日益凸显，主要如下。

（1）随着使用者习惯 ERP 系统带来的便利，大家都希望给自己开通更多的权限，系统管理员面对大量增加权限的申请，对是否授权并没有一个明确的标准。

（2）随着员工角色的增多，权限体系越来越庞杂，牵一发而动全身，系统权限有失控的风险。

（3）"职责分离"的内部控制原则不能有效建立和执行。例如，有"会计凭证制单"权限的人不能同时拥有"凭证审核"的权限等。

ERP 系统的用户权限管理问题应该如何解决？如何分配权限？本项目将为我们解决这些问题。

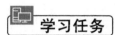 **课前任务**

1. 观看教学视频，熟悉新建账套、设置用户权限、账套备份等操作。
2. 讨论分析为什么要在 ERP 系统中设置用户权限。

学习任务

任务 1.1　增加用户

【任务书】

蓝星公司决定从 2023 年 1 月 1 日起使用用友 ERP-U8 V15.0 进行会计核算，由李明、王芳、马林等 6 人从事相关岗位，用户及其权限的具体信息见表 1-1。请为该公司完成增加用户的操作。

表 1-1　　　　　　　　　　　　　操作用户及其权限

编号	姓名	口令	所属部门	认证方式	角色	权限	工作岗位
001	李明	1	财务处	用户+口令	账套主管	账套主管的全部权限	财务经理
002	王芳	2	财务处	用户+口令	普通员工	总账系统的所有权限	会计
003	马林	3	财务处	用户+口令	普通员工	出纳及出纳签字	出纳
004	张凯	4	采购部	用户+口令	普通员工	应付管理系统的所有权限	采购管理
005	肖峰	5	销售部	用户+口令	普通员工	应收管理系统的所有权限	销售管理
006	韩雪	6	仓储部	用户+口令	普通员工	公共单据、库存管理的所有权限	库管员

【工作准备】

（1）用户是指对所在账套具有部分或者全部数据操作权限的操作员。使用用友 ERP-U8 V15.0 的人员只有先被设置为系统用户，才能进入软件进行各项操作。

（2）增加用户首先要进入【系统管理】。进入【系统管理】有两种方式：一种是以系统管理员（admin）的身份进入，另一种是以账套主管的身份进入。

（3）掌握系统管理员与账套主管的区别，如表 1-2 所示。

表 1–2　　　　　　　　　　　　　　　系统管理员和账套主管的区别

项目	系统管理员	账套主管
系统操作	设置账套和年度账备份计划；升级 SQL 数据库	设置年度账备份计划；升级 SQL 数据库
账套管理、年度账管理	不能执行建立、引入、删除、输出操作	可以执行修改、建立、清空、引入、删除、输出操作
权限	可增加、注销、修改、删除用户和角色；设置账套主管及其他用户的权限	设置账套主管及其他操作人员的权限
安全管理	阅读上机日志、清除异常任务、清除单据锁定	不承担安全管理任务
企业应用平台	不可登录	可登录；拥有全部业务处理权限

【任务处理】

（1）单击【开始】→【所有应用】→【新道 U8+】→【系统管理】（见图 1-1），打开【系统管理】窗口。

图 1–1　单击【系统管理】

（2）选择【系统】菜单下的【注册】，进入登录界面，选择正确的数据库服务器名称，在操作员栏输入"admin"（不区分大小写），密码为空，账套选择"default"，如图 1-2 所示。

图 1–2　输入相应信息

（3）单击【登录】按钮，打开【系统管理】窗口，如图 1-3 所示。

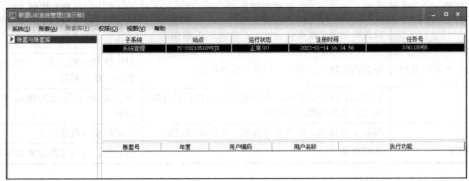

图 1-3 【系统管理】窗口

（4）单击【权限】→【用户】，打开【操作员详细情况】对话框，单击【增加】按钮，录入相关信息：编号为"001"，姓名为"李明"，用户类型为"普通用户"，认证方式为"用户+口令（传统）"，口令为"1"，所属部门为"财务处"，如图 1-4 所示。

图 1-4 录入操作员详细情况

【课堂研讨】

（1）系统管理中有哪些主要功能？
（2）能登录【系统管理】的人员有哪些？

任务 1.2 建立账套

【任务书】

（1）为蓝星公司建立账套，相关信息如下。

账套号：001（实训中可设为学号后三位）	单位名称：蓝星股份有限公司
账套名称：蓝星公司（实训中可设为学生姓名）	机构代码：123
	单位简称：蓝星公司
单位地址：南阳市宛城区幸福大道 666 号	启用会计期：2023 年 1 月
法人代表：李思铭	企业类型：工业
邮政编码：473000	行业性质：2007 年新会计准则科目
税号：010011010288667	账套主管：李明
基础信息：对存货、客户、供应商进行分类	
按行业性质预置科目	
科目编码级次：4-2-2-2	存货分类编码级次：1-2-2
客户分类编码级次：1-2-3	收发类别编码级次：1-2
部门编码级次：1-2-2	结算方式编码级次：1-2

（2）将该账套修改为有外币核算的账套。

【工作准备】

1. 建立账套

账套是指利用会计软件为每个单独核算的单位建立的一套完整的财务体系，要运行财务软件，必须先建立账套。在用友 ERP-U8 V15.0 中，每个账套只能有一个账套号和账套名称，账套号不能重复。账套号是系统识别不同账套的唯一标识。账套号只能是 001～999 的数字。账套创建成功后启用会计期不得修改。如果在新建账套前未增加用户，可以选择"demo"作为账套主管，等完成新建账套后，再指定账套主管。

在建立账套的过程中，会有存货、客户、供应商是否分类以及有无外币核算的选项。以"存货是否分类"为例，如果企业的存货较多，种类也比较多，可以选择对存货进行分类管理。如果企业存货较少或种类比较单一，可以选择不对存货进行分类。需要注意的是，如果选择了存货分类，在后面进行基础设置时必须先设置存货分类，再设置存货档案。"客户是否分类""供应商是否分类"与"存货是否分类"的设置相似。

分类编码是指为了便于有关文字资料的输入，以数字的形式对有关对象进行编号。编码方案是以各级的级长来表示的，如 2-3-4，表示该编码段为三级，第一级是两位数，第二级是三位数，第三级是四位数。编码方案的设置必须根据企业的实际需求进行。

各企业对数量、单价的核算精度要求不一致，系统默认的数据精度值是 2，企业可以根据自身的核算要求，修改数据精度。

2. 修改账套

当账套建完后，未使用相关信息前，若有需要修改的信息，可以账套主管的身份进行修改，系统管理员无权修改。以账套主管的身份登录【系统管理】，进行相应修改。

【任务处理】

1. 建立账套

（1）以系统管理员的身份注册并登录【系统管理】。

（2）单击【账套】→【建立】，选择"新建空白账套"，在【创建账套】对话框中输入账套相关信息，如图 1-5 所示。

（3）单击【下一步】按钮，输入单位信息，如图 1-6 所示。

操作视频

建立账套

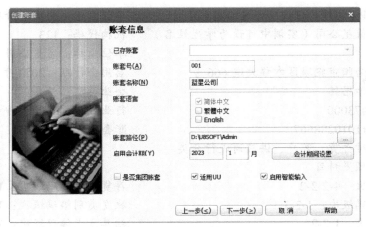

图 1-5　输入账套信息

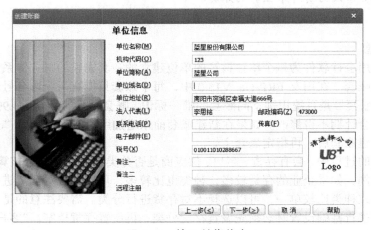

图 1-6　输入单位信息

（4）单击【下一步】按钮，输入核算类型信息，如图 1-7 所示。

图 1-7　输入核算类型信息

（5）单击【下一步】按钮，勾选相应的基础信息，如图 1-8 所示。

图 1-8　勾选相应的基础信息

（6）单击【下一步】按钮，再单击【完成】按钮，系统询问"可以创建账套了么？"（见图 1-9），单击【是】按钮，弹出【编码方案】对话框，根据信息修改编码方案，如图 1-10 所示。

图 1-9　系统询问信息

项目	最大级数	最大长度	单级最大长度	第1级	第2级	第3级	第4级	第5级	第6级	第7级	第8级	第9级
科目编码级次	13	40	9	4	2	2	2					
客户分类编码级次	5	12	9	1	2	3						
供应商分类编码级次	5	12	9	2	3	4						
存货分类编码级次	8	12	9	1	2	2						
部门编码级次	9	12	9	1	2	2						
地区分类编码级次	5	12	9	2	3	4						
专用项目分类	13	50	9	1	2	2						
结算方式编码级次	2	3	3	1	2							
货位编码级次	8	20	9	2	3	4						
收发类别编码级次	3	5	5	1	2							
项目设置	6	30	9	2	2							
责任中心分类档案	5	30	9	2	3							
项目要素分类档案	6	30	9	2	3							

图 1-10　修改编码方案

（7）单击【确定】按钮，打开【数据精度】对话框（见图 1-11），保持默认设置。

图 1-11 【数据精度】对话框

（8）单击【确定】按钮，弹出【创建账套】对话框，如图 1-12 所示。

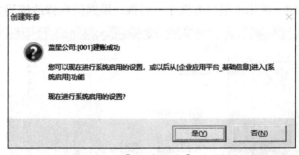

图 1-12 【创建账套】对话框

（9）单击【是】按钮，进行系统启用的设置；单击【否】按钮，账套建立并退出。

2. 修改账套

（1）在【系统管理】登录界面，输入操作员"001"、密码"1"，单击【账套】栏后的下拉按钮，选择"[001]（default）蓝星公司"，如图 1-13 所示。

操作视频

修改账套

图 1-13 登录界面

（2）单击【登录】按钮，进入【系统管理】窗口。单击【账套】→【修改】→【下一步】→【下一步】→【下一步】，打开【基础信息】界面，勾选【有无外币核算】复选框（见图1-14），单击【完成】按钮，系统询问"确认修改账套了吗？"，单击【是】按钮，并在【编码方案】和【数据精度】界面分别单击【取消】和【确定】按钮，完成账套修改。

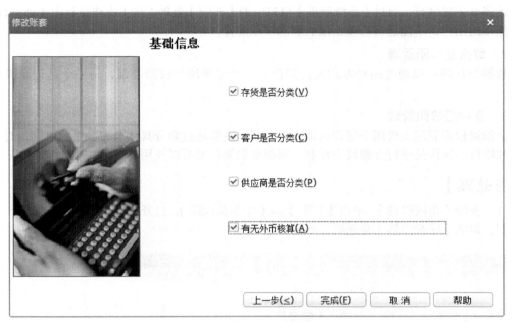

图 1-14　勾选【有无外币核算】复选框

任务1.3　设置用户权限

【任务书】

为李明、王芳、马林等人设置操作员权限（具体的操作员权限见表1-3）。

表 1-3　　　　　　　　　　　　　操作员及其权限

编号	姓名	权限	工作岗位
001	李明	账套主管的全部权限	财务经理
002	王芳	总账系统的所有权限	会计
003	马林	出纳及出纳签字	出纳
004	张凯	应付管理系统的所有权限	采购管理
005	肖峰	应收管理系统的所有权限	销售管理
006	韩雪	公共单据、库存管理的所有权限	库管员

【工作准备】

设置完操作员后，必须对操作员的权限进行设置，以实现合理的岗位分工。在用友

ERP-U8 V15.0 中可以在功能级权限管理、数据级权限管理和金额级权限管理 3 个层面进行用户权限设置。

1. 功能级权限管理

功能级权限管理模块提供了各个功能模块相关业务的操作权限。用户权限的设置由系统管理员或账套主管进行，通过【系统管理】窗口中的【权限】菜单下的【操作员权限】进行设置。正在使用的用户，不能进行修改权限、删除权限的操作。

2. 数据级权限管理

数据级权限可以通过两种方式进行控制，一个是字段级权限控制，另一个是记录级权限控制。

3. 金额级权限管理

金额级权限管理主要用于完善内部金额控制，主要通过划分具体金额数量的级别，对不同岗位和职位的操作员进行金额级别控制，限制他们制单时可以使用的金额。

【任务处理】

（1）登录【系统管理】，单击【权限】→【操作员权限】，打开【操作员权限】窗口，选择"李明"，勾选【账套主管】复选框，如图 1-15 所示。

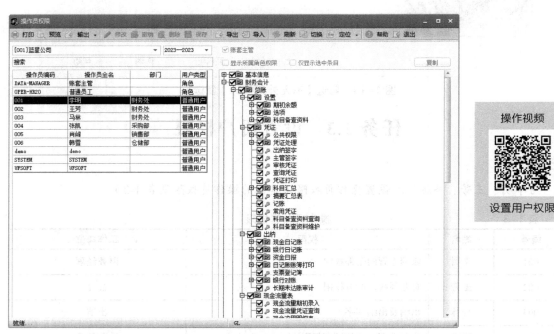

图 1-15　设置李明的权限

（2）选择"王芳"，单击【修改】按钮，在右侧选择总账系统的所有权限，如图 1-16 所示，然后单击【保存】按钮。

（3）选择"马林"，单击【修改】按钮，在右侧勾选【出纳】及【出纳签字】复选框，如图 1-17 所示，然后单击【保存】按钮。

（4）依次设置张凯、肖峰和韩雪的权限并保存。

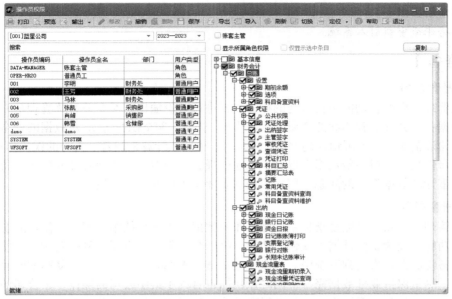

图 1-16　设置王芳的权限

图 1-17　设置马林的权限

【课堂研讨】

角色和用户的联系与区别是什么？

任务 1.4　账套备份与引入

【任务书】

（1）进行账套备份，将账套备份文件输出到本地计算机"D:\001 账套备份\"文件夹中，同时删除当前输出账套。

（2）将账套重新引入系统。

【工作准备】

1. 账套备份

系统管理输出账套功能指将所选的账套数据进行备份输出。对企业系统管理员来讲，定时将企业数据备份并存储到不同的介质上（如软盘、光盘、网络磁盘等），对数据的安全性是非常重要的。如果企业由于不可预知的原因（如地震、火灾、计算机病毒、人为的误操作等），需要对数据进行恢复，此时备份数据可以减少企业的损失。当然，对异地管理的公司，备份账套还可以解决审计和数据汇总的问题。用户应根据企业实际情况加以应用。

2. 账套引入

系统管理引入账套功能是指将系统外某账套数据引入本系统中。用户可使用系统管理中提供的备份功能（设置备份计划）或输出功能，将账套备份，当需要恢复账套时，可使用引入账套功能将备份的账套恢复到系统中。当账套数据遭到破坏时，可以将最近复制的账套数据引入本账套中，尽量保持业务数据完好；同时该功能也有利于集团公司的操作，子公司的账套数据可以定期被引入母公司系统中，以便进行有关账套数据的分析和合并工作。

【任务处理】

1. 账套备份

（1）系统管理员登录【系统管理】，单击【账套】→【输出】，如图 1-18 所示。

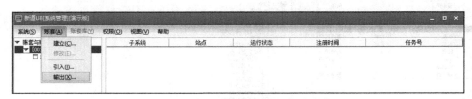

操作视频

账套输出

图 1-18　单击【账套】→【输出】

（2）在弹出的【账套输出】对话框中选择要输出的账套，在【输出文件位置】处选择路径"D:\001 账套备份\"，单击【确认】按钮，如图 1-19 所示。

图 1-19　完成输出

2. 账套引入

（1）系统管理员登录【系统管理】，单击【账套】→【引入】，如图 1-20 所示。

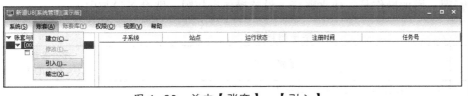 

操作视频

账套引入

图 1-20 单击【账套】→【引入】

（2）在弹出的【账套引入】对话框中选择要引入的账套，单击【选择备份文件】按钮，在打开的【请选择账套备份文件】对话框中选择相应路径的文件夹"D:\001 账套备份\"，单击【确定】按钮，返回【账套引入】对话框单击【确认】按钮，如图 1-21 所示。

图 1-21 完成引入

✎ 学思小课堂

信息安全

　　信息安全是为数据处理系统建立和采用的技术、管理上的安全保护，目的是保护计算机硬件、软件、数据不因偶然和恶意的原因而遭到破坏、更改和泄露。对计算机网络数据库安全管理工作而言，数据加密技术是一种有效手段，它能够最大限度地避免计算机系统受到病毒侵害，从而保护计算机网络数据库信息安全，进而保障相关用户的切身利益。当前，信息安全意识薄弱容易给企业造成较大风险，忽视信息安全意识教育，企业可能遭受灾难性的打击。员工只有有了信息安全意识，才会有好的信息安全行为，才能有效保障企业和组织的安全。由缺乏信息安全意识引发的信息安全事故层出不穷。据统计，世界上每分钟就有 2 个企业因为信息安全问题倒闭，而在所有的信息安全事故中，只有 20%～30% 是由黑客入侵或其他外部原因造成的，70%～80% 是由内部员工的疏忽或有意泄露造成的。同时 78% 的企业数据泄露的原因是内部员工的不规范操作。

项目总结评价

本项目主要学习系统管理的基本知识和操作方法。工作流程可总结为六个步骤：启动系统管理—登录系统管理—增加操作员—建立账套—设置操作员权限—账套备份与引入。

学生自评表

评价项目	质量要求	评价等级（A/B/C/D）
完成任务时间	在规定时间内完成任务 1.1～任务 1.4	
任务完成质量	所有任务均按照要求完成，操作方法得当	
技能掌握情况	熟练掌握增加用户、新建账套、设置用户权限等操作步骤及方法	
团队协作情况	有效合作、有效沟通、目标一致完成小组任务	
语言表达能力	汇报思路清晰，内容介绍完整，回答问题正确	

教师评价表

评价项目	质量要求	评价等级（A/B/C/D）
课前预习情况	通过自主学习（如查阅资料、观看视频）获得相关知识	
学习态度	积极主动学习获得相关知识，回答问题积极	
沟通协作	有效合作、有效沟通、目标一致完成小组任务	
展示汇报	汇报思路清晰，内容介绍完整，操作熟练，回答问题正确	
操作规范	对信息综合分析处理恰当，按照工作流程完成任务操作	
技能掌握情况	熟练掌握增加用户、新建账套、设置用户权限等操作步骤及方法	
职业道德	牢固树立安全意识、团队合作意识和责任担当意识	

注：评价等级统一采用 A（优秀）/B（良好）/C（合格）/D（不合格）四档。

项目 2
基础档案设置

项目概述

　　基础档案是系统进行日常业务处理必需的基础资料，是系统运行的基石。会计信息系统一般由若干个子系统构成，这些子系统可以共享公用的基础档案信息。在启用新账套之前，应根据企业的实际情况，结合设置系统基础档案的要求，事先做好基础数据的准备工作。本项目主要引导学生掌握基础档案信息的设置，具体包括机构人员档案、客商信息、存货信息、财务信息、收付结算信息、业务信息、单据信息等的设置方法及步骤。

学习目标

　　1. 熟练掌握启用各业务系统的方法。
　　2. 了解用友 ERP-U8 V15.0 基础档案设置所包含的主要工作内容，包括机构人员档案、客商信息、存货信息、财务信息、收付结算信息、业务信息、单据信息等的设置。
　　3. 能够根据业务要求启用相应的业务系统，并设置各类基础档案。
　　4. 树立规范化管理意识。

业务处理流程

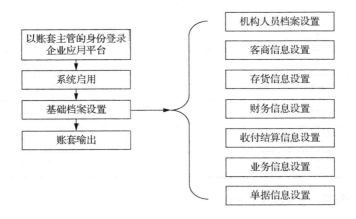

案例导入

　　蓝星公司是一家制造企业，随着业务的不断拓展和财务工作精细化要求的提高，基础档案信息设置方面出现一些困扰财务人员的问题，主要有以下几个方面。

（1）公司的客户编码、供应商编码、会计科目编码等缺乏统一规划，增加了数据录入的错误率，也使 ERP 系统在数据统计和分析时难以精准提取信息。

（2）公司存货档案分类过于简单，随着业务多元化，不同用途和销售渠道的存货在成本核算和管理上需要更细致地区分，否则财务部门难以准确核算成本和制定价格策略。

（3）随着公司项目开发的增多，项目辅助核算缺乏层次管理，导致单个项目的盈利情况不清晰，难以支持多维度经营分析，影响项目评估。

在用友 ERP-U8 V15.0 系统中，基础档案设置的相关问题如何处理，以及如何操作，本项目将为我们解决这些问题。

课前任务

1. 观看教学视频，熟悉各业务系统启用、基础档案各类信息的设置等操作。
2. 讨论分析为什么要在 ERP 系统中设置基础档案。

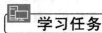

学习任务

任务 2.1　机构人员档案设置

【任务书】

（1）启用总账系统（启用日期为 2023 年 1 月 1 日）。

（2）设置部门档案，如表 2-1 所示。

表 2-1　　　　　　　　　　　　　　　部门档案

部门编码	部门名称
1	人事处
2	财务处
3	采购部
4	销售部
401	销售一科
402	销售二科
5	生产部
6	仓储部

（3）设置人员类别，如表 2-2 所示。

表 2-2　　　　　　　　　　　　　　　企业在职人员类别

人员类别编码	人员类别名称
1001	企业管理人员
1002	经营人员

续表

人员类别编码	人员类别名称
1003	车间管理人员
1004	生产工人
1005	仓库管理人员

（4）设置人员档案，如表 2-3 所示。

表 2-3　　　　　　　　　　人员档案

人员编码	人员姓名	性别	人员类别	所属部门	是否为业务员
001	刘起	男	企业管理人员	人事处	否
002	李明	男	企业管理人员	财务处	否
003	王芳	女	企业管理人员	财务处	否
004	马林	女	企业管理人员	财务处	否
005	张凯	男	经营人员	采购部	是
006	刘佳	女	经营人员	销售一科	是
007	肖峰	男	经营人员	销售二科	是
008	武刚	男	车间管理人员	生产部	否
009	张庆宇	男	生产工人	生产部	否
010	韩雪	女	仓库管理人员	仓储部	否

【工作准备】

1. 系统启用

系统启用是指设定 ERP 系统中各子系统开始使用的时间，只有子系统被启用，用户才能进行操作。系统启用有两种方式：一是在建账完成后，系统会弹出【创建账套】对话框，单击【是】按钮，启用系统；二是在企业应用平台中进行系统启用。

2. 设置基础档案

设置基础档案要遵循一定的顺序，必须先设置部门档案，才能设置人员档案。

（1）部门档案。部门档案通常是根据单位的组织结构设置的，所以在设置部门档案时，要考虑部门编码的层级，且部门编码必须与建立账套时设置的编码方案一致。在操作过程中用蓝色字体表示的栏目为必填项，在建立部门档案时应从上级部门开始输入，然后再建立对应的下级部门档案。

（2）人员档案。设置人员档案指将企业职员的个人信息录入系统，便于在进行业务管理和业务核算时调用。设置完部门档案后才能设置人员档案，在录入人员档案前，必须先设置人员类别。系统默认的人员类别有正式工、合同工、实习生，可以根据需要增加、修改、删除人员类别。对与企业有业务往来的人员，需要勾选【业务员】复选框，才能在核算和业务管理中显示该人员资料。

【任务处理】

1. 系统启用

（1）单击【开始】→【所有应用】→【新道 U8+】→【企业应用平台】，打开登录界面，输入操作员"001"，选择账套"[001]（default）蓝星公司"，单击【登录】按钮，如图 2-1 所示，进入企业应用平台。

操作视频

机构人员档案设置

图 2-1 登录企业应用平台

（2）单击【业务导航】→【基础设置】→【基本信息】→【系统启用】，打开【系统启用】对话框。勾选【GL】复选框，弹出【日历】对话框。在【日历】对话框中将时间设置为"2023-01-01"（见图 2-2），单击【确定】按钮，系统提示"确实要启用当前系统吗？"，单击【是】按钮，完成当前系统的启用，如图 2-3 所示。

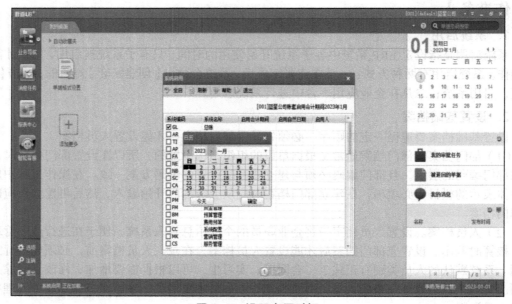

图 2-2 设置启用时间

图 2-3　确认启用当前系统

2. 设置部门档案

单击【业务导航】→【基础设置】→【基础档案】→【机构人员】→【机构】→【部门档案】，进入【部门档案】窗口。单击【增加】按钮，录入相关信息：部门编码为"1"；部门名称为"人事处"，单击【保存】按钮，如图 2-4 所示。按此方法完成其余部门档案的录入，如图 2-5 所示。

图 2-4　录入人事处部门档案

图 2-5　录入其余部门档案

3. 设置人员类别

单击【业务导航】→【基础设置】→【基础档案】→【机构人员】→【人员】→【人员类别】，进入【人员类别】窗口。单击【增加】按钮，分别增加 1001 企业管理人员、1002 经营人员、1003 车间管理人员、1004 生产工人、1005 仓库管理人员，如图 2-6 所示。

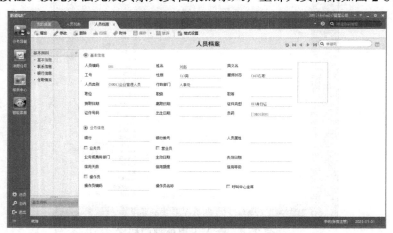

图 2-6　设置人员类别

4. 设置人员档案

单击【业务导航】→【基础设置】→【基础档案】→【机构人员】→【人员】→【人员档案】，进入【人员列表】窗口。单击左侧【人事处】→【增加】，进入【人员档案】窗口，录入人员档案信息：人员编码为"001"，姓名为"刘起"，性别为"男"，人员类别为"企业管理人员"，所属部门为"人事处"，雇佣状态为"在职"，不勾选【业务员】复选框，如图 2-7 所示，单击【保存】按钮。按此方法完成其余人员档案的录入，全部人员档案如图 2-8 所示。

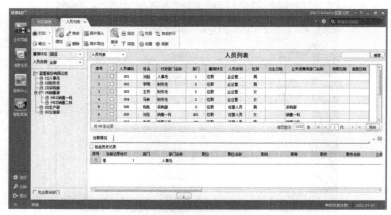

图 2-7　录入刘起的人员档案

图 2-8　全部人员档案

任务 2.2 客商信息设置

【任务书】

（1）设置客户分类，如表 2-4 所示。

表 2-4 客户分类

分类编码	分类名称
1	华东地区
2	重庆地区
3	东北地区
4	华中地区
5	华北地区

（2）设置客户档案，如表 2-5 所示。

表 2-5 客户档案

客户编码	客户名称	客户简称	所属分类	税号	分管部门	专管业务员
01	青岛怀兴公司	怀兴公司	1	110320184320012	销售一科	刘佳
02	青岛春日公司	春日公司	1	110433249543899	销售一科	刘佳
03	重庆立洋公司	立洋公司	2	210003232432247	销售一科	刘佳
04	重庆鼎繁公司	鼎繁公司	2	210854987043340	销售一科	刘佳
05	鞍山钢铁厂	鞍山钢铁厂	3	120456486329565	销售二科	肖峰
06	武汉晓辉公司	晓辉公司	4	320854584389288	销售二科	肖峰
07	太原昊业公司	昊业公司	5	559438888288425	销售二科	肖峰

（3）设置供应商分类，如表 2-6 所示。

表 2-6 供应商分类

分类编码	分类名称
01	国内地区
02	国外地区

（4）设置供应商档案，如表 2-7 所示。

表 2-7 供应商档案

供应商编码	供应商名称	供应商简称	所属分类	税号	分管部门	专管业务员
01	上海育兴公司	育兴公司	01	110435845278434	采购部	张凯
02	吉林宏林公司	宏林公司	01	430455882395738	采购部	张凯
03	北京优网公司	优网公司	01	120885694387622	采购部	张凯

【工作准备】

客商信息包括地区分类、行业分类、供应商分类、客户分类、客户级别、客户档案等信息。在初建账套时，如果选择了对客户和供应商进行分类，必须先对客户和供应商进行分类设置，再录入客户和供应商档案；如果未选择对客户和供应商进行分类设置，可以直接录入客户和供应商档案。录入客户和供应商档案时要注意所属分类是否选择正确，如果要录入客户和供应商的开户银行，需单击【增加客户档案】和【增加供应商档案】窗口左上方的【银行】按钮。

【任务处理】

操作视频

客商信息设置

1. 设置客户分类

单击【业务导航】→【基础设置】→【基础档案】→【客商信息】→【客户分类】，进入【客户分类】窗口。单击【增加】按钮，录入分类编码"1"，分类名称"华东地区"（见图 2-9），按此方法录入其余客户分类，结果如图 2-10 所示。

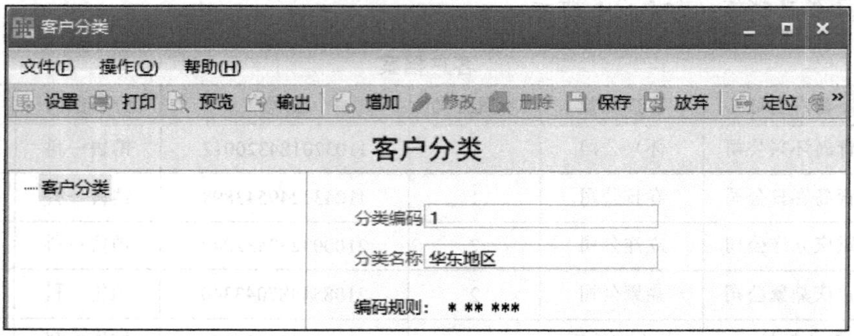

图 2-9　设置客户分类

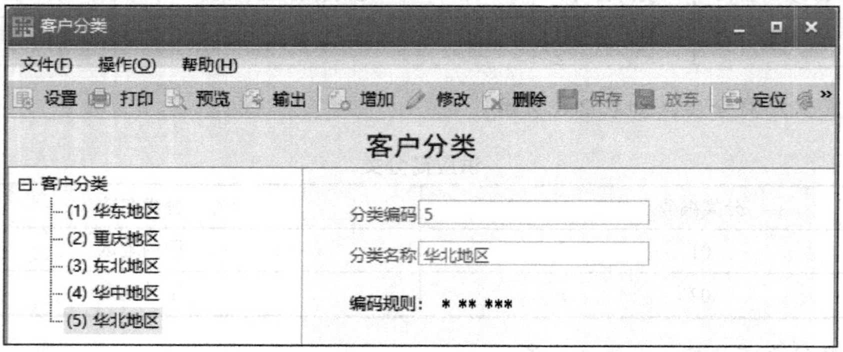

图 2-10　所有客户分类

2. 设置客户档案

单击【业务导航】→【基础设置】→【基础档案】→【客商信息】→【客户档案】，进入【客户档案】窗口。单击【增加】按钮，打开【增加客户档案】窗口。该窗口中有六个选项卡，分别是【基本】【联系】【信用】【其他】【附件】【照片】，可以记录客户不同的属性和信息。按任务书录入青岛怀兴公司的相关信息，如图 2-11 和图 2-12 所示，单击【保存】按钮。按此方法完成其余客户档案的录入，所有客户档案如图 2-13 所示。

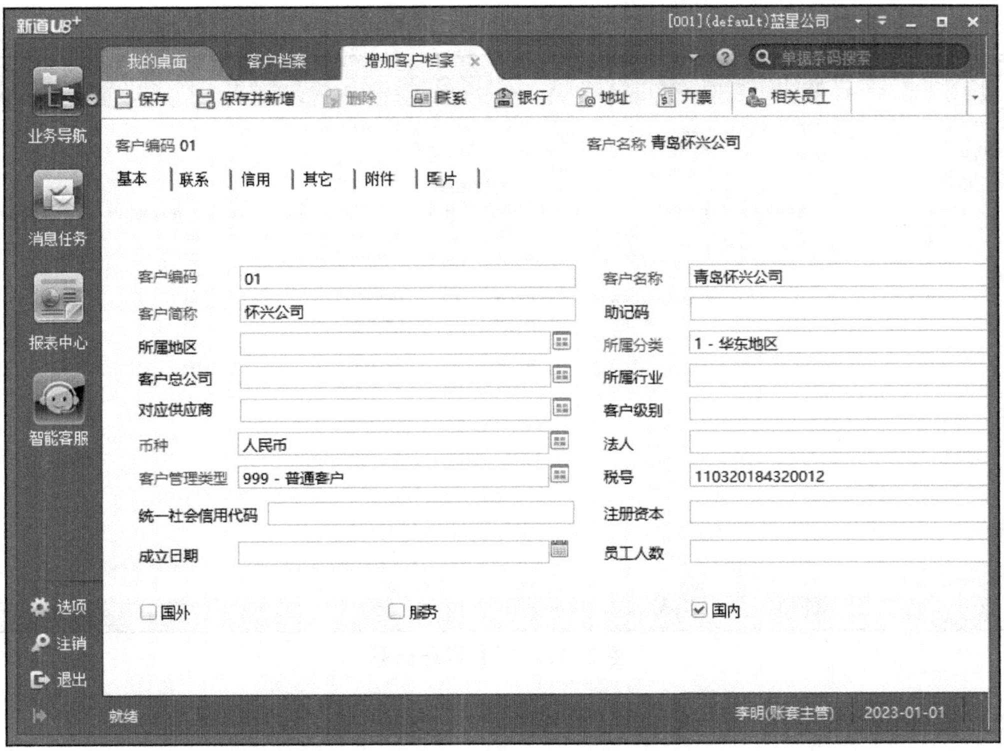

图 2-11 录入青岛怀兴公司的相关信息（1）

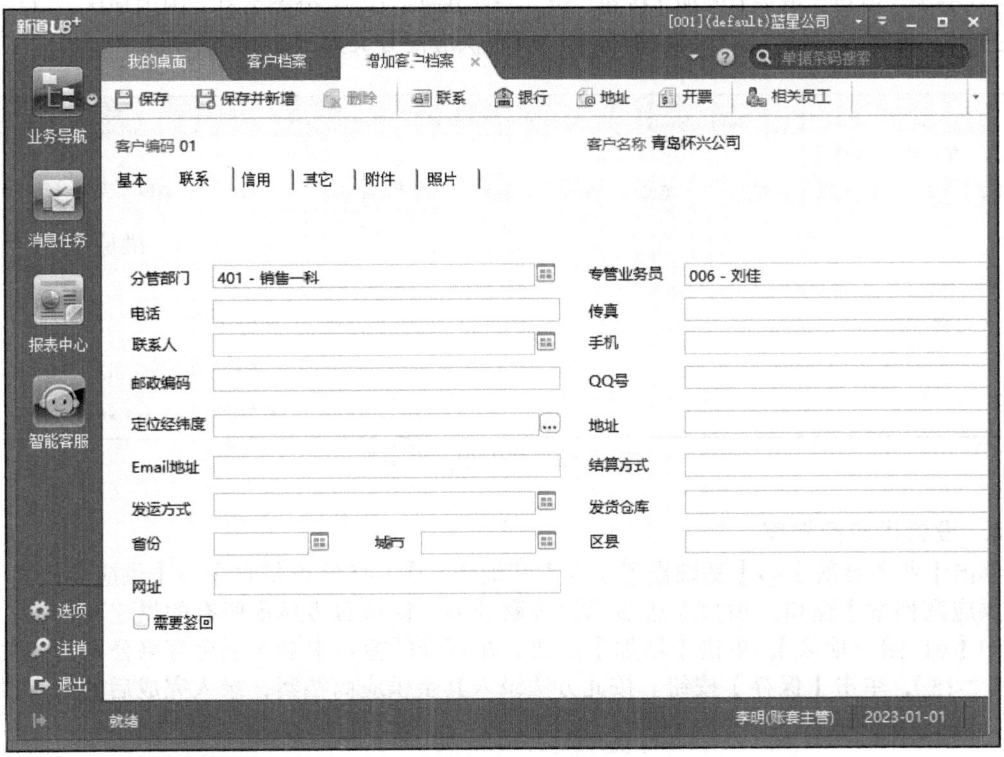

图 2-12 录入青岛怀兴公司的相关信息（2）

图 2-13　所有客户档案

3. 设置供应商分类

单击【业务导航】→【基础设置】→【基础档案】→【客商信息】→【供应商分类】，进入【供应商分类】窗口。单击【增加】按钮，录入分类编码"01"、分类名称"国内地区"，单击【保存】按钮。按此方法录入其余供应商分类，所有供应商分类如图 2-14 所示。

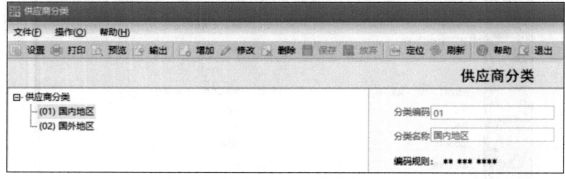

图 2-14　所有供应商分类

4. 设置供应商档案

单击【业务导航】→【基础设置】→【基础档案】→【客商信息】→【供应商档案】，进入【供应商档案】窗口。窗口左边显示供应商分类，窗口右边显示所有的供应商档案。在左侧选中【01 国内地区】，单击【增加】按钮，在打开的窗口中录入上海育兴公司的相关信息（见图 2-15），单击【保存】按钮。按此方法录入其余供应商档案，录入完成后的所有供应商档案如图 2-16 所示。

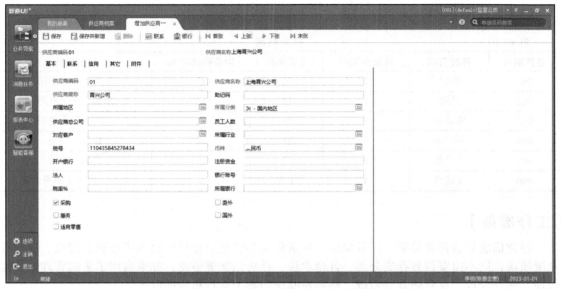

图 2-15　设置上海育兴公司档案

图 2-16　所有供应商档案

任务2.3　存货信息设置

【任务书】

（1）设置存货分类，如表2-8所示。

表 2-8　　　　　　　　　　　存货分类

存货分类编码	存货分类名称
1	原料及主要材料
2	辅助材料
3	库存商品
4	应税劳务

（2）设置计量单位，如表2-9所示。

表 2-9　　　　　　　　　　　计量单位

计量单位组编码	计量单位组	计量单位编码	计量单位名称
01	基本计量单位（无换算率）	1	吨（1吨=1000千克）
		2	桶
		3	台
		4	千米

（3）设置存货档案，如表2-10所示。

表2-10　　　　　　　　　　　　　　存货档案

存货编码	存货名称	所属分类码	计量单位	增值税税率/%	存货属性
001	钢材	1	吨	13	采购、生产耗用
002	油漆	1	桶	13	采购、生产耗用
003	电动机	1	台	13	采购、生产耗用
004	甲产品	3	台	13	自制、内销
005	乙产品	3	台	13	自制、内销
006	运输费	4	千米	9	采购、内销、应税劳务

【工作准备】

存货信息包括存货分类、计量单位、存货档案等信息。如果只启用了总账、应收、应付等系统模块，则不需要设置存货分类、计量单位、存货档案等信息；如果启用了采购管理、销售管理、库存管理、存货核算等系统，则要在基础档案中进行相应的设置。

【任务处理】

1. 设置存货分类

单击【业务导航】→【基础设置】→【基础档案】→【存货】→【存货分类】，打开【存货分类】窗口。单击【增加】按钮，按照任务布置录入存货分类情况，结果如图2-17所示。

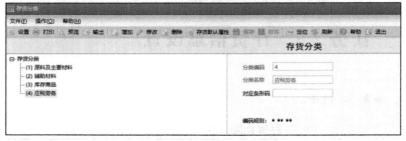

操作视频

存货信息设置

图2-17　录入存货分类情况

2. 设置计量单位

（1）单击【业务导航】→【基础设置】→【基础档案】→【存货】→【计量单位】，打开【计量单位】窗口。单击【分组】按钮，打开【计量单位组】窗口。单击【增加】按钮，录入计量单位组编码"01"、计量单位组名称"基本计量单位"，单击【计量单位组类别】栏的下拉按钮，选择"无换算率"，如图2-18所示。单击【保存】和【退出】按钮。

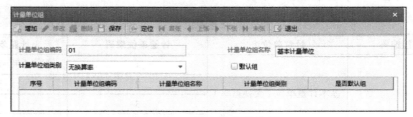

图2-18　设置计量单位组

（2）单击【单位】按钮，进入【计量单位】窗口。单击【增加】按钮，录入计量单位编码"1"、计量单位名称"吨"，单击【保存】按钮。

（3）继续录入其他的计量单位内容，结果如图 2-19 所示。

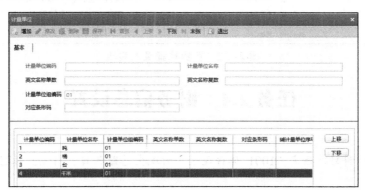

图 2-19　录入计量单位内容

（4）录入完成后的所有计量单位，如图 2-20 所示，单击【退出】按钮。

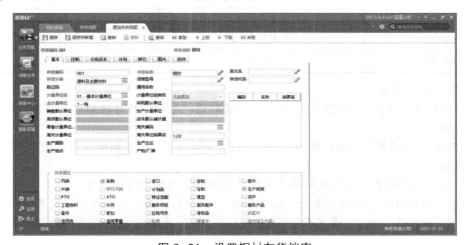

图 2-20　计量单位录入完成

3. 设置存货档案

（1）单击【业务导航】→【基础设置】→【基础档案】→【存货】→【存货档案】，打开【存货档案】窗口。选中存货分类中的"原料及主要材料"，单击【增加】按钮，打开【增加存货档案】窗口，录入存货编码"001'、存货名称"钢材"。单击【计量单位组】栏的参照按钮，选择"01-基本计量单位"；单击【主计量单位】栏的参照按钮，选择"1-吨"；勾选【采购】和【生产耗用】复选框，如图 2-21 所示。单击【保存】按钮。

图 2-21　设置钢材存货档案

（2）以此方式继续录入其他的存货档案，录入完成后的界面如图 2-22 所示。

	序号	选择	存货编码	存货名称	规格型号	存货代码	ABC分类	启用日期	计量单位组名称	主计量单位名称	特征选配
存货档案											
(1) 原料及主要材料	1	☐	001	钢材				2023-01-01	基本计量单位	吨	☐
(2) 辅助材料	2	☐	002	油漆				2023-01-01	基本计量单位	桶	☐
(3) 库存商品	3	☐	003	电动机				2023-01-01	基本计量单位	台	☐
(4) 应税劳务											

图 2-22　存货档案录入完成

任务 2.4　财务信息设置

【任务书】

（1）指定会计科目。指定"1001 库存现金"为现金总账科目、"1002 银行存款"为银行存款总账科目。

（2）增加会计科目，如表 2-11 所示。

表 2-11　　　　　　　　会计科目

科目编码	科目名称	辅助账类型
100201	建行存款	日记账、银行账
122101	应收职工借款	个人往来
160501	专用材料	项目核算
160502	专用设备	项目核算
160503	预付大型设备款	项目核算
160504	为生产准备的工具及器具	项目核算
500101	直接材料	
500102	直接人工	
660201	办公费	部门核算
660202	差旅费	部门核算
660203	工资	部门核算
660204	折旧费	部门核算
660205	福利费	部门核算
660206	其他	

（3）修改会计科目。

① "1121 应收票据" "1122 应收账款" "2203 预收账款"科目辅助账类型为"客户往来"（无受控系统）。

② "2201 应付票据" "2202 应付账款" "1123 预付账款"科目辅助账类型为"供应商往来"（无受控系统）。

③ "1605 工程物资"科目及所属明细科目辅助账类型为"项目核算"。

（4）设置项目目录。项目大类为"自建工程"，核算科目为"工程物资"及其明细科目，项目内容为"1 号工程"和"2 号工程"，其中"1 号工程"包括"自建厂房"和"设备安装"两项工程。

（5）设置凭证类别，如表2-12所示。

表 2-12 凭证类别

类别名称	限制类型	限制科目
收款凭证	借方必有	1001，1002
付款凭证	贷方必有	1001，1002
转账凭证	凭证必无	1001，1002

【工作准备】

1. 指定会计科目

指定的现金和银行存款总账科目供出纳管理使用，这样才能进行出纳管理，比如出纳签字，查询现金日记账、银行存款日记账；指定会计科目后，在总账系统中填制该科目相关凭证时，系统会强制要求将该科目的发生额记入各现金流量项目中。

2. 设置会计科目

系统已经预设了大部分会计科目，但预设的会计科目大多是一级科目，企业还需根据实际情况设置二、三级科目。会计科目的编码设计要与建账时的编码方案保持一致。增加会计科目时要先建上级科目，再建下级科目。修改会计科目时，如果科目已有数据，需先将科目余额清零。

3. 设置项目目录

项目核算的应用范围比较广，在建工程、合同项目、产品成本等都可以通过辅助核算进行管理。企业可以同时定义多个类别的项目核算，一个项目大类可以指定多个会计科目，但一个会计科目只能归属于一个项目大类。

4. 设置凭证类别

记账凭证按反映的经济内容不同可分为通用记账凭证和专用记账凭证。专用记账凭证分为收款凭证、付款凭证、转账凭证。收款凭证的限制类型是"借方必有"，付款凭证的限制类型是"贷方必有"，转账凭证的限制类型是"凭证必无"。

【任务处理】

1. 指定会计科目

（1）单击【业务导航】→【基础设置】→【基础档案】→【财务】→【会计科目】→【指定科目】，打开【指定科目】对话框。

（2）选中【现金科目】单选按钮，选择"1001库存现金"，单击【>】按钮，将"1001库存现金"从【待选科目】列表框选入【已选科目】列表框。

（3）选中【银行科目】单选按钮，选择"1002银行存款"，单击【>】按钮，将"1002银行存款"从【待选科目】列表框选入【已选科目】列表框，单击【确定】按钮，如图2-23所示。

操作视频

财务信息设置

2. 增加会计科目

（1）单击【业务导航】→【基础设置】→【基础档案】→【财务】→【会计科目】→【增加】，打开【新增会计科目】对话框。

（2）输入科目编码"100201"、科目名称"建行存款"，勾选【日记账】【银行账】复选框，单击【确定】按钮，如图2-24所示。

按此方法增加其他会计科目。

图 2-23　指定会计科目

图 2-24　新增会计科目

3. 修改会计科目

在【会计科目】窗口中，双击"1122 应收账款"，单击【修改】按钮，打开【会计科目_修改】对话框。勾选【客户往来】复选框，单击【受控系统】栏的下拉按钮，选择空白处，即设置为无受控系统，单击【确定】按钮，如图 2-25 所示。按此方法修改其他会计科目。

4. 设置项目目录

（1）新增项目大类。

① 单击【业务导航】→【基础设置】→【基础档案】→【财务】→【项目大类】，打开【项目大类】窗口。

② 单击【增加】按钮，打开【项目大类定义_增加】对话框。在【项目大类名称】选项卡中，录入新项目大类名称"自建工程"，如图 2-26 所示。

图 2-25　修改会计科目

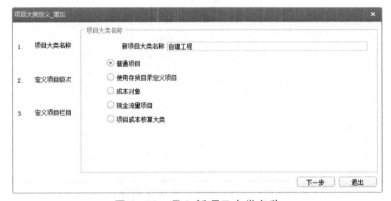

图 2-26　录入新项目大类名称

③ 单击【下一步】按钮，打开【定义项目级次】选项卡（见图 2-27），单击【下一步】按钮，打开【定义项目栏目】选项卡（见图 2-28），单击【完成】按钮。

图 2-27　定义项目级次

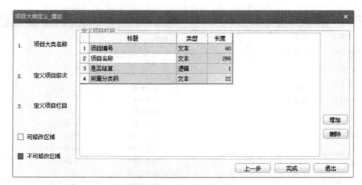

图 2-28　定义项目栏目

（2）指定项目核算科目。

① 在【项目大类】窗口中单击【项目大类】栏的下拉按钮，选择"自建工程"，单击【核算科目】选项卡。

② 单击【>>】按钮，将工程物资及其明细科目从【待选科目】列表框选入【已选科目】列表框，单击【保存】按钮，如图 2-29 所示。

图 2-29　指定项目核算科目

（3）进行项目分类定义。

单击【业务导航】→【基础设置】→【基础档案】→【财务】→【项目分类】，打开【项目分类】窗口。单击【项目大类】栏的下拉按钮，选择"自建工程"，单击【增加】按钮，录入分类编码"1"、分类名称"1 号工程"，然后单击【保存】按钮。按此方法增加 2 号工程，录入完成后的项目分类如图 2-30 所示。

图 2-30　项目分类定义

（4）项目目录维护。

单击【业务导航】→【基础设置】→【基础档案】→【财务】→【项目目录】，打开【项目目录】窗口。单击【项目大类】栏的下拉按钮，选择"自建工程"，单击【确定】按钮。选中【1号工程】，单击【增加】按钮，录入项目编号"1"、项目名称"自建厂房"。按此方法增加"设备安装"，单击【退出】按钮。录入完成后的项目目录如图 2-31 所示。

图 2-31 项目目录维护

5. 设置凭证类别

（1）单击【业务导航】→【基础设置】→【基础档案】→【财务】→【凭证类别】，打开【凭证类别预置】对话框，选中【收款凭证 付款凭证 转账凭证】单选按钮，单击【确定】按钮，如图 2-32 所示。

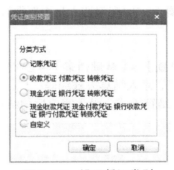

图 2-32 设置凭证类别

（2）返回【凭证类别】窗口，单击【修改】按钮，选择"收款凭证"行。双击收款凭证的限制类型，选择"借方必有"；双击收款凭证的限制科目，选择"1001"和"1002"。按此方法完成付款凭证和转账凭证的设置，如图 2-33 所示。

凭证类别

类别字	类别名称	限制类型	限制科目	调整期
收	收款凭证	借方必有	1001, 1002	
付	付款凭证	贷方必有	1001, 1002	
转	转账凭证	凭证必无	1001, 1002	

图 2-33 设置凭证类别

【课堂研讨】

1. 设置会计科目主要应设置哪些基本内容？
2. 输入科目编码时必须遵守哪些原则？
3. 设置项目目录过程中应注意哪些问题？

任务 2.5　收付结算信息设置

【任务书】

设置结算方式，如表 2-13 所示。

表 2-13　　　　　　　　　　　　　结算方式

结算方式编码	结算方式名称
1	现金结算
2	现金支票
3	转账支票
4	信汇
5	电汇

【工作准备】

一般企业在日常经济活动中会采取多种结算方式，包括现金结算、现金支票、信汇、转账支票、电汇等。"票据管理"是为便于出纳加强支票管理设置的功能。如果在总账系统中需要对支票进行管理，那么在支票类结算方式中应勾选【是否票据管理】。

【任务处理】

单击【业务导航】→【基础设置】→【基础档案】→【收付结算】→【结算方式】，打开【结算方式】窗口。单击【增加】按钮，录入结算方式编码"1"、结算方式名称"现金结算"，单击【保存】按钮。按此方法录入其余结算方式，录入完成后的结算方式如图 2-34 所示。

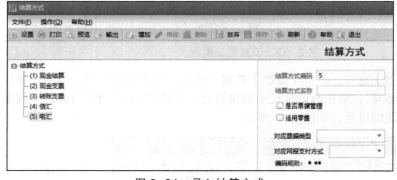

操作视频

收付结算信息设置

图 2-34　录入结算方式

【课堂研讨】

结算方式的设置会对后续业务操作产生哪些影响？

任务 2.6　业务信息设置

【任务书】

（1）设置仓库档案，如表 2-14 所示。

表 2-14　　　　　　　　　　　仓库档案

仓库编码	仓库名称	计价方式	是否参与需求计划运算	是否记入资产仓	是否计入成本
01	原料库	全月平均法	是	否	是
02	半成品库	全月平均法	是	否	是
03	产成品库	全月平均法	是	否	是
04	资产库	全月平均法	否	是	否
05	其他库	全月平均法	是	否	是

（2）设置收发类别，如表 2-15 所示。

表 2-15　　　　　　　　　　　收发类别

收发类别编码	收发类别名称	收发标志	收发类别编码	收发类别名称	收发标志
1	入库	收	2	出库	发
101	采购入库	收	201	销售出库	发
102	半成品入库	收	202	半成品领用	发
103	产成品入库	收	203	材料出库	发
104	采购退货	收	204	销售退货	发
105	盘盈入库	收	205	盘亏出库	发
106	其他入库	收	206	其他出库	发

（3）设置采购类型和销售类型，如表 2-16 所示。

表 2-16　　　　　　　　　采购类型和销售类型

类型	编码	名称	入库类别
采购类型	01	正常采购	采购入库
	02	采购退货	采购退货
销售类型	01	正常销售	销售出库
	02	销售退货	销售退货

（4）设置非合理损耗类型，如表 2-17 所示。

表 2-17　　　　　　　　　　非合理损耗类型

非合理损耗类型编码	非合理损耗类型名称
01	运输消耗

【工作准备】

　　业务信息包括仓库档案、收发类别、采购和销售类型、非合理损耗类型等信息。企业根据需要建立仓库档案，并对材料的出入库情况进行收发类别的设置。收发类别表示材料的出入库类型，也是存货核算系统自动生成凭证的重要依据。在收发类别设置完成后，如果企业需要按照采购及销售类型进行统计分析，那就要设置采购类型和销售类型。采购和销售类型不分级次，企业可以根据实际需要进行设立。在采购过程中，可能会发生损耗，如果在采购过程中发生了非合理损耗，需要进行账务处理，则需要设置非合理损耗类型，例如运输消耗等。

【任务处理】

1．设置仓库档案

（1）单击【业务导航】→【基础设置】→【基本信息】→【系统启用】，打开【系统启用】对话框。勾选【ST】复选框，弹出【日历】对话框。在【日历】对话框中将时间设置为"2023-01-01"，单击【确定】按钮，系统提示"确实要启用当前系统吗？"，单击【是】按钮，完成当前库存管理系统的启用，如图 2-35 所示。按此方法启用采购管理系统，如图 2-36 所示。

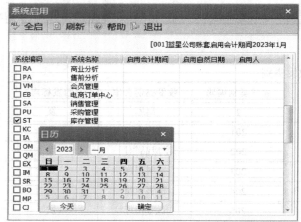

图 2-35　启用库存管理系统　　　　图 2-36　启用采购管理系统

（2）单击【业务导航】→【基础设置】→【基础档案】→【业务】→【仓库档案】，打开【仓库档案】窗口。单击【增加】按钮，打开【增加仓库档案】窗口，录入仓库编码"01"、仓库名称"原料库"、计价方式"全月平均法"，勾选【参与需求计划运算】【记入成本】【参与 ROP 计算】【控制序列号】【纳入可用量计算】复选框，取消勾选【资产仓】复选框，单击【保存】按钮，如图 2-37 所示。按此方法完成其余仓库档案的录入，所有仓库档案如图 2-38 所示。

操作视频

业务信息设置

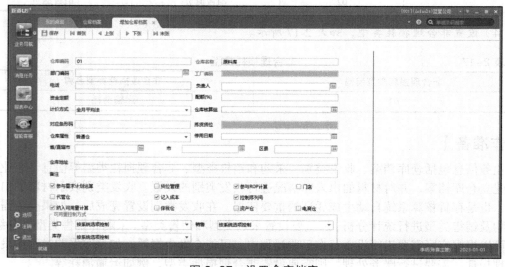

图 2-37　设置仓库档案

序号	仓库编码	仓库名称	部门名称	仓库地址	电话	负责人	计价方式	仓库核算组	是否
1	01	原料库					全月平均法		
2	02	半成品库					全月平均法		
3	03	产品库					全月平均法		
4	04	资产库					全月平均法		
5	05	其他库					全月平均法		

图 2-38　所有仓库档案

2. 设置收发类别

单击【业务导航】→【基础设置】→【基础档案】→【业务】→【收发类别】，打开【收发类别】窗口。单击【增加】按钮，录入收发类别编码"1"、收发类别名称"入库"，选中【收】单选按钮，单击【保存】按钮，如图 2-39 所示。按此方法完成其余收发类别的录入，所有收发类别如图 2-40 所示。

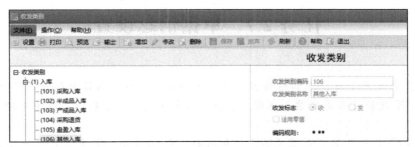

图 2-39　设置收发类别

图 2-40　所有收发类别

3. 设置采购类型和销售类型

（1）单击【业务导航】→【基础设置】→【基础档案】→【业务】→【采购类型】，打开【采购类型】窗口。单击【增加】按钮，录入采购类型信息，然后单击【保存】按钮，操作结果如图 2-41 所示。

图 2-41　设置采购类型

（2）单击【业务导航】→【基础设置】→【基础档案】→【业务】→【销售类型】，打开【销售类型】窗口。单击【增加】按钮，录入销售类型信息，然后单击【保存】按钮，操作结果如图 2-42 所示。

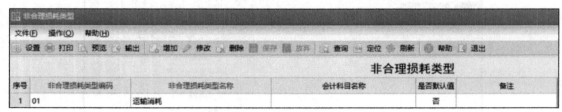

图 2-42　设置销售类型

4. 设置非合理损耗类型

单击【业务导航】→【基础设置】→【基础档案】→【业务】→【非合理损耗类型】，打开【非合理损耗类型】窗口。单击【增加】按钮，录入非合理损耗类型编码"01"、非合理损耗类型名称"运输消耗"，然后单击【保存】按钮，操作结果如图2-43所示。

图 2-43　设置非合理损耗类型

任务 2.7　单据信息设置

【任务书】

（1）2023年1月1日，增加材料出库单表体项目：项目、项目编码、项目大类编码、项目大类名称。修改销售专用发票表体项目：在【数量】选项卡中取消勾选【必输】，并增加退补标志。

（2）2023年1月1日，设置采购订单和采购（专用/普通）发票为完全手工编号；销售订单和销售（专用/普通）发票为完全手工编号。

【工作准备】

单据信息包括单据格式、单据编号等信息。企业可以根据需要对单据表体项目进行修改等操作，例如增加材料出库单表体项目、修改销售专用发票表体项目等；也可以对单据编号进行设置，例如设置采购订单和采购专用发票为完全手工编号、销售订单和销售专用发票为完全手工编号等。

【任务处理】

1. 增加材料出库单表体项目

（1）单击【业务导航】→【基础设置】→【基本信息】→【系统启用】，打开【系统启用】对话框。勾选【SA】复选框，弹出【日历】对话框。在【日历】对话框中将时间设置为"2023-01-01"，单击【确定】按钮，系统提示"确实要启用当前系统吗？"，单击【是】按钮，完成当前销售管理系统的启用，如图2-44所示。

图 2-44　启用销售管理系统

（2）单击【业务导航】→【基础设置】→【单据设置】→【单据格式设置】，打开【单据格式设置】窗口。选择"材料出库单"，单击【表体栏目】按钮，打开【表体】对话框，勾选【项目】【项目编码】【项目大类编码】【项目大类名称】复选框，如图 2-45 所示。

操作视频

单据信息设置

图 2-45　增加材料出库单表体项目

2. 修改销售专用发票表体项目

单击【业务导航】→【基础设置】→【单据设置】→【单据格式设置】，打开【单据格式设置】窗口。选择"销售专用发票"，单击【表体栏目】按钮，打开【表体】对话框。在左侧列表中勾选【数量】复选框，在右侧设置区域取消勾选【必输】复选框，如图 2-46 所示，单击【确定】按钮。在左侧列表中勾选【退补标志】复选框，在右侧设置区域取消勾选【必输】复选框，如图 2-47 所示，单击【确定】按钮。

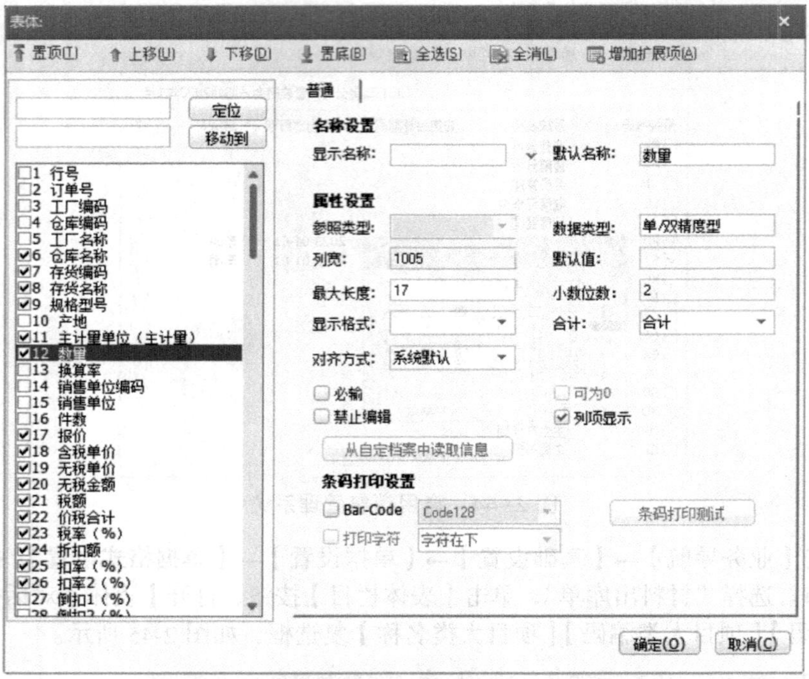

图 2-46　修改销售专用发票表体项目（1）

图 2-47　修改销售专用发票表体项目（2）

3. 设置单据编号

单击【业务导航】→【基础设置】→【单据设置】→【单据编号设置】，打开【单据编号设置】对话框。在左侧选择"销售专用发票"，然后单击【修改】按钮，勾选【完全手工编号】

复选框，如图 2-48 所示，单击【保存】按钮。按此方法将销售普通发票、销售订单、采购专用发票、采购普通发票、采购订单的编号方式修改为"完全手工编号"。

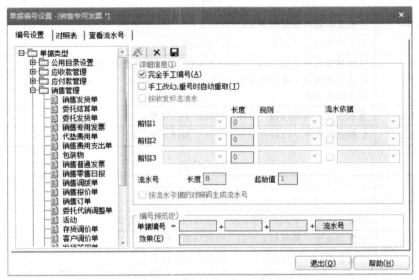

图 2-48　设置销售专用发票编号

学思小课堂

职业操守

职业操守是人们在职业活动中所遵守的行为规范的总和，是指人们在从事职业活动中必须遵从的道德底线和行业规范，凡是从业者必须遵守。它既是对从业人员在职业活动中的行为要求，又是从业人员应承担的社会责任和应履行的社会义务。一个人不管从事何种职业，都必须具备良好的职业操守，否则将一事无成。良好的职业操守包括以下方面。①诚实守信。在业务活动中秉持"对人守信，对事负责"的原则，做好本职工作。②遵守法律法规。遵守一切与公司业务有关的法律法规，在利益面前禁得住考验。③确保公司的资产安全，并保证公司资产仅用于公司的业务。这些资产包括办公用品、设备、专有的知识产权、秘密信息、技术资料和其他资源等。④工作报告不弄虚作假。真实记录工作开展详情；客观总结述职内容，不夸大成绩、隐瞒失误；确保报销票据合规真实，无虚假或篡改；杜绝报告数据编造、篡改；保证传递信息准确，无歪曲、隐瞒与误导，使报告能为各方决策提供可靠依据。⑤不要泄密给竞争对手。严禁向竞争对手泄露商业秘密、知识产权、内部计划及财务数据，禁止不当接触或谋利，离职后仍需保密，否则将面临法律追责及赔偿。企业须通过保密协议、信息分级、技术加密和培训防范风险，员工应主动识别敏感信息，杜绝利益交换或疏忽导致的泄密行为。

项目总结评价

本项目主要学习系统启用及基础档案设置的基本知识和操作方法。工作流程可总结为八个步骤：系统启用—机构人员档案设置—客商信息设置—存货信息设置—财务信息设置—收付结算信息设置—业务信息设置—单据信息设置。

学生自评表

评价项目	质量要求	评价等级 （A/B/C/D）
完成任务时间	在规定时间内完成任务 2.1～任务 2.7	
任务完成质量	所有任务均按照要求完成，操作方法得当	
技能掌握情况	熟练掌握系统启用、机构人员档案设置、客商信息设置、存货信息设置、财务信息设置、收付结算信息设置、业务信息设置、单据信息设置等操作步骤及方法	
团队协作情况	有效合作、有效沟通、目标一致完成小组任务	
语言表达能力	汇报思路清晰，内容介绍完整，回答问题正确	

教师评价表

评价项目	质量要求	评价等级 （A/B/C/D）
课前预习情况	通过自主学习（如查阅资料、观看视频）获得相关知识	
学习态度	积极主动学习获得相关知识，回答问题积极	
沟通协作	有效合作、有效沟通、目标一致完成小组任务	
展示汇报	汇报思路清晰，内容介绍完整，操作熟练，回答问题正确	
操作规范	对信息综合分析处理恰当，按照工作流程完成任务操作	
技能掌握情况	熟练掌握系统启用、机构人员档案设置、客商信息设置、存货信息设置、财务信息设置、收付结算信息设置、业务信息设置、单据信息设置等操作步骤及方法	
职业道德	牢固树立安全意识、团队合作意识和责任担当意识	

注：评价等级统一采用 A（优秀）/B（良好）/C（合格）/D（不合格）四档。

项目 3
总账系统管理

项目概述

　　总账系统包括基础设置、凭证管理、出纳管理、账簿管理、期末业务处理五部分，是企业进行会计核算的主要功能模块。总账系统使用者为账套主管、总账会计、出纳等企业财务工作人员。本项目主要引导学生认知总账系统的各项功能，明确总账系统在用友 ERP-U8 管理系统中的地位，掌握初始化设置、日常业务处理、出纳管理、期末业务处理的方法及步骤。

学习目标

1. 掌握用友 ERP-U8 V15.0 总账系统初始化设置的方法。
2. 掌握填制凭证、审核凭证、修改凭证、删除凭证、查询凭证和记账的方法。
3. 掌握总账系统中出纳业务的处理方法。
4. 掌握总账系统中期末业务的处理方法。
5. 树立慎独意识、风险意识，增强社会责任感和使命感。

业务处理流程

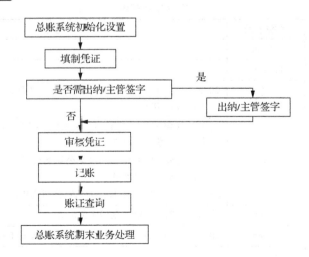

案例导入

　　总账系统是 ERP 系统的核心子系统，其任务就是利用建立的会计科目体系，输入和处理各种记账凭证，完成记账、结账以及对账的工作，输出各种明细账和有关辅助账。总账系统主要提供凭证处理、账簿处理、出纳管理和期末转账等基本核算功能，并提供个人、部门、客户、供应商、项目核算等辅助管理功能。

　　蓝星公司是一家机械制造企业，目前企业财务工作繁杂，财务人员少，工作强度大，经常加班，疏漏难以避免，企业能否通过财务信息化改善目前的情况呢？手工做账方式下的各种会计资料，哪些需要转移到 ERP-U8 系统中呢？每月结账前有很多需要结转的业务，如结转本月完工产品成本、结转销售成本、结转期间损益等。手工结转涉及查账、计算、编制凭证等工作，烦琐易错，ERP-U8 系统能否辅助财务人员完成月末结账工作呢？在用友 ERP-U8 V15.0 系统中，总账系统中日常业务及期末业务将如何处理，以及如何操作？本项目将为我们解决这些问题。

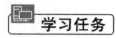 课前任务

　　1. 观看教学视频，了解用友 ERP-U8 V15.0 总账系统初始化设置、日常业务处理、出纳业务处理、期末业务处理。
　　2. 讨论分析总账系统与其他子系统之间有什么样的关系。

学习任务

任务 3.1　总账系统初始化设置

【任务书】

　　（1）设置系统参数：不允许修改、作废他人填制的凭证。
　　（2）录入期初余额。期初余额明细如表 3-1 所示。

表 3-1　　　　　　　　　　　　　　期初余额明细　　　　　　　　　　　　　　　单位：元

科目名称	期初余额	备注
库存现金	4 000	
银行存款——建行存款	111 000	
应收票据	565	2022 年 11 月 22 日，春日公司购买乙产品，价税合计 565 元，付票据一张，票号 78989
应收账款	7 030	（1）2022 年 11 月 12 日，怀兴公司购买甲产品，价税合计 3 390 元，货款未付，发票号 78987 （2）2022 年 11 月 18 日，鼎繁公司购买甲产品，价税合计 3 390 元，货款未付，发票号 78988 （3）2022 年 11 月 22 日，为鼎繁公司代垫运费 250 元
应收职工借款	3 000	采购部张凯出差借差旅费 3 000 元
预付账款	10 000	2022 年 11 月 23 日，预付育兴公司货款 10 000 元
原材料	37 666	
库存商品	25 000	
固定资产	606 260	
累计折旧	77 562	

续表

科目名称	期初余额	备注
短期借款	60 000	
应付票据	12 870	2022 年 11 月 23 日，向宏林公司购买钢材支付 12 870 元
应付账款	31 005	（1）2022 年 11 月 15 日，向育兴公司购买钢材支付 19 305 元 （2）2022 年 11 月 18 日，向优网公司购买油漆支付 11 700 元
预收账款	15 000	2022 年 11 月 26 日预收晓辉公司货款 15 000 元
应交税费——应交 增值税（进项税额）	1 916 （借）	
应交税费——应交 增值税（销项税额）	10 000	
长期借款	100 000	
实收资本	500 000	

【工作准备】

总账系统是用友财务软件的核心，其主要功能是进行凭证管理、账簿管理、个人往来款项管理、部门管理、项目管理和出纳管理等。

总账系统初始化包括两方面的内容：一是将系统变量设置为各系统需要的参数值；二是输入企业基本信息，满足业务处理需求。

1. 设置总账系统参数

总账系统参数决定着系统处理数据的内容和形式。参数设置包括凭证编号、往来款项等设置，参数设置后一般不得随意变更。

2. 录入期初余额

如果在年初启用账套，需要输入年初余额；如果在年中启用账套，需要输入启用月的月初余额和年初到该月的各科目借贷方累计发生额，系统会根据输入的数据自动计算出年初余额。非末级科目不能输入期初余额，在输入总账科目的末级科目期初余额后，系统自动计算出该总账科目的期初余额。科目被录入凭证并记账后，该科目的期初余额将不能被修改。

【任务处理】

首先将系统日期修改为"2023 年 1 月 31 日"，以账套主管的身份登录企业应用平台。

1. 设置总账系统参数

（1）单击【业务导航】→【财务会计】→【总账】→【设置】→【选项】，打开【选项】对话框。

（2）单击【编辑】按钮，在【权限】选项卡中，选中【凭证审核控制到操作员】，取消勾选【允许修改、作废他人填制的凭证】，单击【确定】按钮。

2. 输入期初余额

（1）单击【业务导航】→【财务会计】→【总账】→【期初】→【期初余额】，打开【期初余额录入】窗口。

（2）白色的单元格为末级科目，可直接输入期初余额，如库存现金"4 000"、银行存款——

操作视频

总账系统初始化设置

建行存款"111 000"等。

（3）设置了辅助核算的会计科目（黄色单元格），不能直接输入期初余额，需要在辅助账中输入期初余额。双击"应收职工借款"的【期初余额】栏，单击【往来明细】→【增行】→【个人】，选择"张凯"，在【摘要】栏输入"出差借款"，在【本币金额】栏输入"3 000"，操作结果如图 3-1 所示。

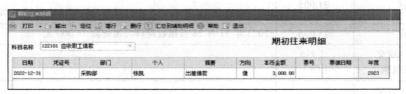

图 3-1　个人期初往来明细

（4）单击【汇总到辅助明细】按钮，弹出【完成了往来明细到辅助期初表的汇总】对话框。按此方法完成其余会计科目的期初余额录入。

（5）在【期初余额录入】窗口中单击【试算】按钮，系统进行试算平衡并显示试算结果，如图 3-2 所示。

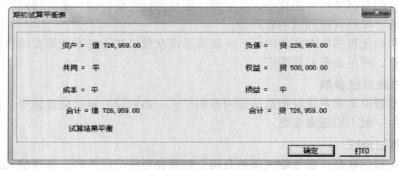

图 3-2　期初试算平衡

任务 3.2　总账系统日常业务处理

【任务书】

（1）设置常用摘要，如表 3-2 所示。

表 3-2　　　　　　　　　　　常用摘要

摘要编码	摘要内容
1	报销办公费
2	购买包装物
3	计提折旧费

（2）以"002 王芳"的身份填制记账凭证。2023 年 1 月发生的经济业务如下。

① 1 月 8 日，以现金付包装物货款 300 元。

借：周转材料　　　　　　　　　　　　　　　　　　　　　　300
　　贷：库存现金　　　　　　　　　　　　　　　　　　　　　　300

②　1月8日，以建行存款支付财务处办公费250元（转账支票号：3357）。

借：管理费用——办公费（财务处）　　　　　　　　　　　　　　250

　　贷：银行存款——建行存款　　　　　　　　　　　　　　　　　　　250

③　1月12日，销售给昊业公司库存商品一批，货税款45 200元（货款40 000元，税款5 200元）尚未收到。

借：应收账款（昊业公司）　　　　　　　　　　　　　　　　45 200

　　贷：主营业务收入　　　　　　　　　　　　　　　　　　　　　40 000

　　　　应交税费——应交增值税（销项税额）　　　　　　　　　　　5 200

④　1月22日，收到张凯偿还的借款500元。

借：库存现金　　　　　　　　　　　　　　　　　　　　　　　500

　　贷：其他应收款（张凯）　　　　　　　　　　　　　　　　　　　500

（3）审核凭证。

（4）出纳签字。

（5）修改第2号付款凭证。

（6）删除第1号收款凭证并整理断号。

（7）设置常用凭证：编码为"1"，摘要为"从建行提现"，凭证类别为"付款凭证"，科目编码为"1001"和"100201"。

（8）记账。

（9）查询已记账的第1号付款凭证。

（10）冲销已记账的第1号付款凭证。

（11）查询管理费用总账、发生额及余额表、应交增值税多栏账、客户往来明细账中的客户科目明细账及部门科目总账。

【工作准备】

1. 填制凭证

电子凭证与纸质凭证类似，包括凭证头和凭证体两部分。凭证头包括凭证类别、凭证编号、凭证日期和附单据数等内容，凭证体包括摘要、科目名称、辅助信息、方向和金额等内容。在填制电子凭证时必须确定凭证类别，如果选择的凭证类别与凭证内容不符，系统会提示且凭证不能保存。填制会计科目时必须输入末级科目。如果制单选择序时控制，则凭证的填制日期应大于等于系统的启用日期，但不应超过计算机的系统日期，也不能在上一张凭证的填制日期之前。如果是红字金额则应在金额前输入减号"-"。只有对科目设置了辅助核算，在填制凭证时输入该科目，系统才能弹出【辅助项】对话框。

2. 审核凭证

凭证的审核是指由有审核权限的操作员对制单人填制的凭证从业务内容的真实性、会计分录的合理性和数据的准确性等方面进行检查。单击【总账】→【凭证】→【审核凭证】进行审核。

3. 出纳签字

出纳需要对有现金和银行存款科目发生额的收付款凭证进行签字审核。单击【总账】→【凭证】→【出纳签字】进行签字。

4. 修改、删除凭证

（1）修改未经审核的凭证。

在输入的会计凭证没被审核前，凭证的修改可以直接由操作员完成。注意总账系统以外的子系统传递来的凭证不能在总账系统中修改，只能在生成该凭证的系统中修改。

（2）修改已经审核但未记账的凭证。

已经通过审核但尚未记账的错误凭证，不能直接由操作员修改，应先由审核员取消审核，再由操作员在【填制凭证】窗口中修改。

（3）修改已记账凭证。

已经记账的凭证发现有错误的，应填制一张与原凭证一样的红字冲销凭证，再填制一张正确的凭证。

（4）删除凭证。

在凭证未被审核前，可通过凭证的作废与整理的操作删除凭证；凭证被审核后，只有先取消审核，才能删除该凭证；已记账的凭证，则需取消记账、取消审核，然后再删除该凭证。

5. 记账

记账是指将已审核的记账凭证逐笔登记到各类账簿上。第一次记账时，若期初余额试算不平衡，系统不允许记账；凭证未经审核也不得记账。单击【总账】→【凭证】→【记账】进行记账。

6. 查询账簿

总账是对企业全部经济业务进行总分类登记和核算的账簿，余额表是对当期各级科目的本期发生额、累计发生额和余额的汇总表。单击【总账】→【账表】→【科目表】→【总账】可以查询各个科目的明细账。

【任务处理】

操作视频

总账系统日常业务
处理（1）

将系统日期修改为"2023 年 1 月 31 日"。

1. 设置常用摘要

（1）单击【业务导航】→【基础设置】→【基础档案】→【其他】→【常用摘要】，打开【常用摘要】窗口。

（2）单击【增加】按钮，录入摘要编码"1"、摘要内容"报销办公费"。按此方法录入其余常用摘要，操作结果如图 3-3 所示。

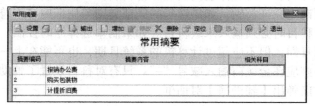

摘要编码	摘要内容	相关科目
1	报销办公费	
2	购买包装物	
3	计提折旧费	

图 3-3 设置常用摘要

2. 填制第 1 笔业务的记账凭证

（1）以"002 王芳"的身份登录企业应用平台。

（2）单击【业务导航】→【财务会计】→【总账】→【凭证】→【填制凭证】，打开【填制凭证】窗口，单击【增加】按钮。

（3）单击【凭证类别】，选择"付款凭证"。录入制单日期"2023.01.08"，在【摘要】栏输入"购买包装物"，在【科目名称】栏选择"周转材料"，在【借方金额】栏输入"300"，按【Enter】键。

（4）继续在第二行【科目名称】栏选择"库存现金"，在【贷方金额】栏输入"300"。

（5）单击【保存】按钮，系统提示"凭证已成功保存!"，单击【确定】按钮，如图 3-4 所示。

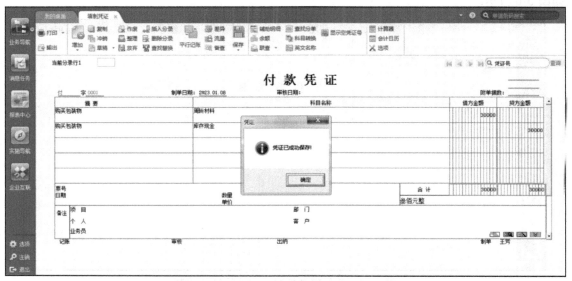

图 3-4　记账凭证填制

3. 填制第 2 笔业务的记账凭证

（1）在【填制凭证】窗口单击【增加】按钮，参照上一张凭证的填制方法，选择凭证类型并输入制单日期。

（2）在【摘要】栏第一行输入"报销办公费"，在【科目名称】栏选择"管理费用/办公费"，按【Enter】键，弹出【辅助项】对话框。在【部门】栏选择"财务处"，单击【确定】按钮，如图 3-5 所示。录入借方金额"250"，按【Enter】键。

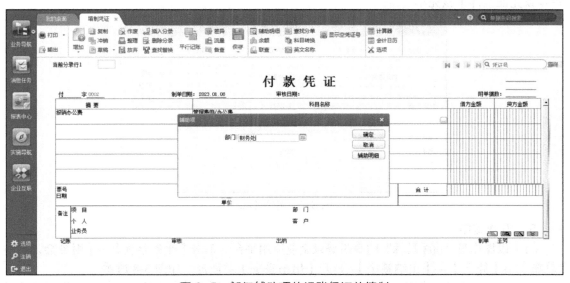

图 3-5　部门辅助项的记账凭证的填制

（3）在第二行【科目名称】栏选择"银行存款/建行存款"，按【Enter】键，弹出【辅助项】对话框。在【结算方式】栏选择"3"（转账支票），输入票号"3357"，单击【确定】按钮，如图 3-6 所示。

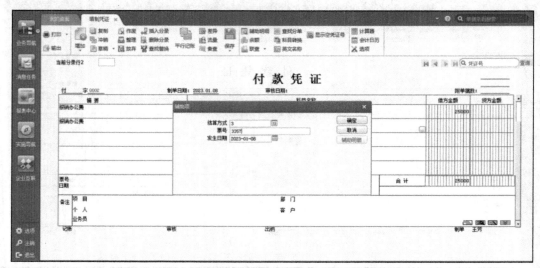

图 3-6　银行辅助核算的记账凭证的填制

（4）录入贷方金额"250"，或者直接按【=】键，单击【保存】按钮。

按此方法，分别填制第 3 张和第 4 张凭证。

4. 审核凭证

更换操作员为"001 李明"重新登录系统。单击【业务导航】→【财务会计】→【总账】→【凭证】→【审核凭证】，在打开的【凭证审核】对话框（见图 3-7）中设置准备审核的凭证号，单击【确定】按钮，打开待审核的第一张凭证。单击【审核】按钮，完成审核工作。按此方法将 4 张凭证全部审核完毕。

图 3-7　审核凭证

5. 出纳签字

（1）以操作员"003 马林"的身份登录企业应用平台。单击【业务导航】→【财务会计】→【总账】→【凭证】→【出纳签字】，打开【出纳签字】对话框，如图 3-8 所示。

（2）单击【确定】按钮，打开待签字的第 1 号付款凭证，单击【签字】按钮，把需要签字的凭证都完成出纳签字操作。

图 3-8　出纳签字

6. 修改第 2 号付款凭证

（1）以操作员"003 马林"的身份登录企业应用平台。单击【业务导航】→【财务会计】→【总账】→【凭证】→【出纳签字】。

（2）在【出纳签字】对话框中，单击【凭证类别】栏的下拉按钮，选择"付款凭证"，选中【月份】，选择"2023 年 1 月"，在【凭证号】栏输入"2"，单击【确定】按钮，打开第 2 号付款凭证。

（3）在【出纳签字】界面单击工具栏中的【取消签字】按钮。

（4）以"001 李明"的身份登录企业应用平台，单击【业务导航】→【财务会计】→【总账】→【凭证】→【审核凭证】，找到第 2 号付款凭证，单击【弃审】按钮。

（5）以"002 王芳"的身份登录企业应用平台，单击【业务导航】→【财务会计】→【总账】→【凭证】→【填制凭证】，找到第 2 号付款凭证。将借、贷方金额均修改为"400"，单击【保存】按钮，打开【凭证】对话框，单击【确定】按钮，如图 3-9 所示。

> 操作视频
>
> 总账系统日常业务
> 处理（2）

图 3-9　修改第 2 号付款凭证

（6）最后由李明对凭证进行审核，由马林对凭证进行出纳签字。

7. 删除第 1 号收款凭证并整理断号

（1）以操作员"001 李明"的身份登录企业应用平台，取消对第 1 号收款凭证的审核。

（2）以操作员"003 马林"的身份登录企业应用平台，取消对该凭证的出纳签字。

（3）以操作员"002 王芳"的身份登录企业应用平台，单击【业务导航】→【财务会计】→【总账】→【凭证】→【填制凭证】，找到第 1 号收款凭证。单击【作废】按钮，该张凭证左上方会出现"作废"字样，如图 3-10 所示。

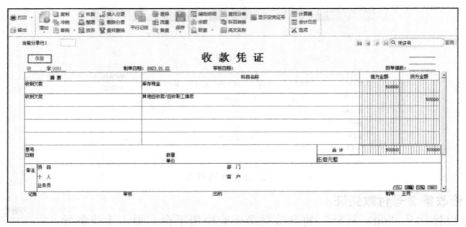

图 3-10　作废凭证

（4）单击【整理】按钮，选择凭证时间"2023.01"，单击【确定】按钮，打开【作废凭证表】对话框，如图3-11所示。双击【删除】栏，出现字母【Y】。

（5）单击【确定】按钮，系统弹出【提示】对话框，选中【按凭证号重排】单选按钮，单击【是】按钮，如图3-12所示。

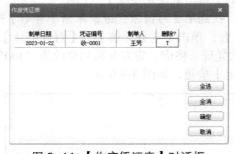

图 3-11　【作废凭证表】对话框

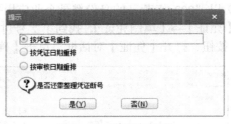

图 3-12　整理凭证号

8. 设置常用凭证

（1）单击【业务导航】→【财务会计】→【总账】→【设置】→【常用凭证】，打开【常用凭证】对话框。单击【增加】按钮，输入编码"1"、摘要"从建行提现"，在【凭证类别】栏选择"付款凭证"。

（2）单击【详细】→【增行】，输入科目名称"库存现金"。继续单击【增行】按钮，在第二行【科目名称】栏中输入"建行存款"，单击【退出】按钮，如图3-13所示。

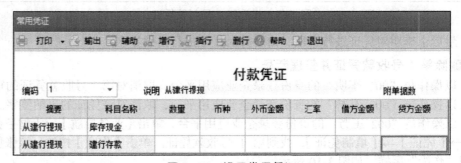

图 3-13　设置常用凭证

9. 记账

（1）以操作员"001 李明"的身份登录企业应用平台，单击【业务导航】→【财务会计】→【总账】→【凭证】→【记账】，选中【2023.01月份凭证】单选按钮，然后单击【全选】按钮，如图3-14所示。

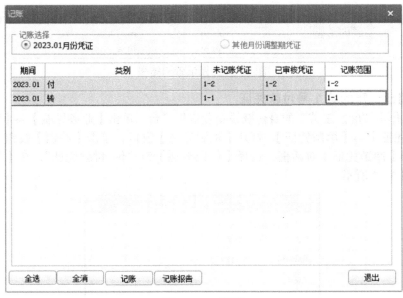

图3-14 记账

（2）单击【记账】按钮，打开【期初试算平衡表】对话框。单击【确定】按钮，系统自动进行记账，完成后提示"记账完毕"，单击【确定】按钮。

10. 查询已记账的第1号付款凭证

单击【业务导航】→【财务会计】→【总账】→【凭证】→【查询凭证】，打开【凭证查询】对话框，选中【已记账凭证】单选按钮，选择【凭证类别】为"付 付款凭证"，在【凭证号】栏输入"1"，单击【确定】按钮，如图3-15所示。再次单击【确定】按钮，凭证查询结果如图3-16所示。

操作视频

总账系统日常业务处理（3）

图3-15 查询凭证

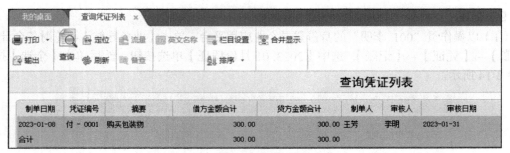

图 3-16　凭证查询结果

11. 冲销已记账的第 1 号付款凭证

（1）以操作员"002 王芳"的身份登录企业应用平台，单击【业务导航】→【财务会计】→
【总账】→【凭证】→【填制凭证】，打开【填制凭证】窗口，单击【冲销】按钮。

（2）打开【冲销凭证】对话框，选择【凭证类别】为"付 付款凭证"，在【凭证号】中输
入"1"，如图 3-17 所示。

图 3-17　冲销凭证

（3）单击【确定】按钮生成冲销凭证，如图 3-18 所示。

图 3-18　生成冲销凭证

12. 账簿查询

（1）查询管理费用总账。

① 单击【业务导航】→【财务会计】→【总账】→【账表】→【科目账】→【总账】，打
开【总账】对话框，如图 3-19 所示。

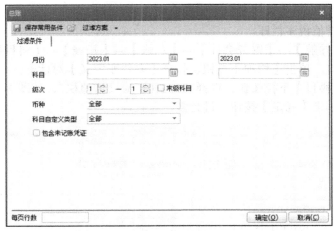

图 3-19　【总账】对话框

②【科目】栏输入"6602"，单击【确定】按钮，生成管理费用总账，如图 3-20 所示。单击【科目】栏的下拉按钮也可以查询管理费用明细账。

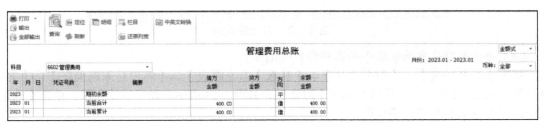

图 3-20　管理费用总账

（2）查询发生额及余额表。

① 单击【业务导航】→【财务会计】→【总账】→【账表】→【科目账】→【余额表】，打开【发生额及余额表】对话框，如图 3-21 所示。

图 3-21　【发生额及余额表】对话框

② 单击【确定】即可查看科目发生额及余额表的具体内容。

（3）查询应交增值税多栏账。

① 单击【业务导航】→【财务会计】→【总账】→【账表】→【科目账】→【多栏账】，打开【多栏账】窗口。单击【增加】按钮，打开【多栏账定义】对话框。

② 单击【核算科目】下拉按钮，选择"222101 应交增值税"，如图 3-22 所示。单击【自动编制】按钮，再单击【确定】按钮，进行多栏账查询。

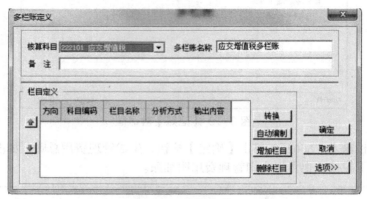

图 3-22　多栏账查询

（4）查询客户往来明细账中的客户科目明细账。

单击【业务导航】→【财务会计】→【总账】→【账表】→【客户往来辅助账】→【客户科目明细账】，打开【客户科目明细账】对话框，如图 3-23 所示。设置过滤条件，单击【确定】按钮，即可查询客户科目明细账。

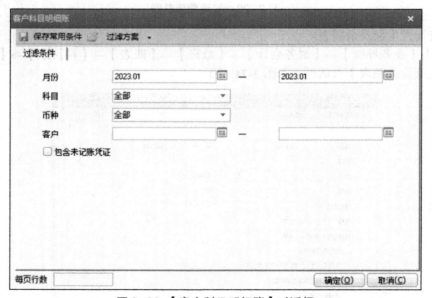

图 3-23　【客户科目明细账】对话框

（5）查询部门总账。

单击【业务导航】→【财务会计】→【总账】→【账表】→【部门辅助账】→【部门总账】，打开【部门总账】窗口，如图 3-24 所示。

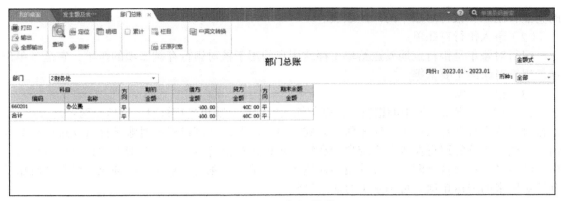

图 3-24　部门总账

任务 3.3　总账系统出纳管理

【任务书】

以出纳马林的身份登录企业应用平台。

（1）查询现金日记账。

（2）查询 2023 年 1 月 8 日的资金日报表。

（3）登记支票登记簿。2023 年 1 月 23 日，销售一科刘佳领用转账支票（转账支票号 9989）支付办公费，限额 250 元。

（4）录入银行对账期初数据。企业日记账余额为 111 000 元，银行对账单期初余额为 111 000 元，有企业已收而银行未收的未达账（2022 年 12 月 20 日）2 000 元。

（5）录入银行对账单，如表 3-3 所示。

表 3-3　　　　　　　　　　　　　　2023 年 1 月银行对账单　　　　　　　　　　　　单位：元

日期	结算方式	票号	借方金额	贷方金额	余额
2023-01-08	转账支票	3357		400	110 600
2023-01-23	转账支票	5690	250		110 850

（6）银行对账。

（7）查询余额调节表。

【工作准备】

1. 支票管理

支票管理是出纳人员的重要工作内容。通过建立支票领用登记簿来登记支票的领用情况，包括支票领用人、领用日期、支票用途和是否报销等内容。支票管理在【总账】→【出纳】→【支票登记簿】中实现。只有在会计科目中设有银行账的科目才能使用支票登记，并且需要在"结算方式"设置中对需要使用支票登记簿的结算方式选定"票据管理"标志。

2. 银行对账

（1）录入期初未达账项。

在启用银行对账时，为了保证银行对账的正确性，必须为系统设置一个启用日期，并录入与该系统启用日期相对应的最近一次对账的企业方与银行方的调整前余额，以及启用日期之前的企业日记账和银行对账单的未达账项。

（2）录入银行对账单。

银行对账单是银行定期发送给单位存款用户的用于核对银行存款账项的账单，它是各单位进行银行对账的主要依据。

（3）银行对账。

银行对账是指将系统中的银行日记账与输入的银行对账单进行核对，以检验两者是否相符。银行对账分为自动对账和手工对账两种方式。自动对账是计算机根据对账条件自动进行核对勾销。对核对相符的银行业务，系统自动在银行日记账和银行对账单【两清】栏打上两清标志，视为已达账项；没打上两清符号的视为未达账项。手工对账是自动对账的补充，对自动对账没有核对出来的未达账项，可用手工对账来调整。

【任务处理】

操作视频

总账系统出纳管理

1. 查询现金日记账

以操作员"003 马林"的身份登录企业应用平台，单击【业务导航】→【财务会计】→【总账】→【出纳】→【现金日记账】，打开【现金日记账】对话框，单击【确定】按钮，进入【现金日记账】窗口，如图 3-25 所示。

图 3-25 【现金日记账】窗口

2. 查询 2023 年 1 月 8 日的资金日报表

单击【业务导航】→【财务会计】→【总账】→【出纳】→【资金日报】，选择日期"2023-01-08"，单击【确定】按钮，打开【资金日报表】窗口，如图 3-26 所示。

图 3-26 【资金日报表】窗口

3. 登记支票登记簿

（1）单击【业务导航】→【财务会计】→【总账】→【出纳】→【支票登记簿】，打开【银行科目选择】对话框，单击【确定】，进入【支票登记簿】窗口。

（2）单击【增行】按钮，录入领用日期"2023.01.23"、领用部门"销售一科"、领用人"刘佳"、支票号"9989"、预计金额"250"、用途"办公费"，单击【保存】按钮，如图 3-27 所示。

图 3-27 支票登记簿

4. 录入银行对账期初数据

（1）单击【业务导航】→【财务会计】→【总账】→【出纳】→【银行对账】→【银行对账期初录入】，打开【银行科目选择】对话框，如图 3-28 所示。科目选择"建行存款（100201）"，月份选择"2023.01"，单击【确定】按钮，打开【银行对账期初】对话框。

（2）在单位日记账的【调整前余额】栏输入"111 000"，在银行对账单的【调整前余额】栏输入"109 000"，如图 3-29 所示。

图 3-28 银行科目选择

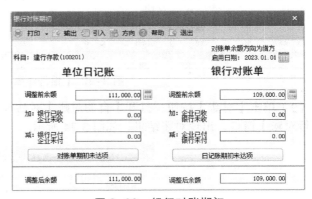

图 3-29 银行对账期初

（3）单击【日记账期初未达项】按钮，打开【企业方期初】窗口。单击【增行】按钮，输入日期"2022.12.20"，【借方金额】栏输入"2 000"，如图 3-30 所示。

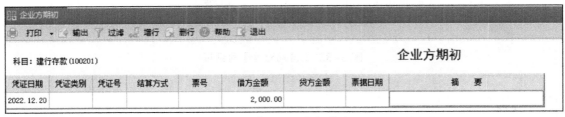

图 3-30 【企业方期初】窗口

5. 录入银行对账单

（1）单击【业务导航】→【财务会计】→【总账】→【出纳】→【银行对账】→【银行对账单】，打开【银行科目选择】对话框。科目选择"建行存款（100201）"，月份选择"2023.01"，单击【确定】按钮。

（2）在【银行对账单】窗口，单击【增行】按钮，在第一行录入日期"2023.01.08"、结算方式"3"、票号"3357"、贷方金额"400"，按【Enter】键。在第二行录入日期"2023.01.23"、结算方式"3"、票号"5690"、借方金额"250"，如图 3-31 所示。

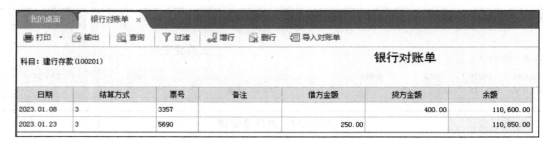

图 3-31 录入银行对账单

6. 银行对账

（1）单击【业务导航】→【财务会计】→【总账】→【出纳】→【银行对账】→【银行对账】，打开【银行科目选择】对话框。科目选择"建行存款（100201）"，月份选择"2023.01"，单击【确定】按钮，进入【银行对账】窗口，如图 3-32 所示。

图 3-32 【银行对账】窗口

（2）单击【对账】按钮，打开【自动对账】对话框（见图 3-33），单击【确定】按钮返回【银行对账】窗口，出现对账结果，如图 3-34 所示。

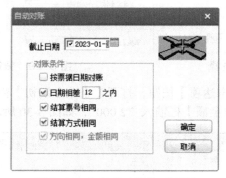

图 3-33 【自动对账】对话框

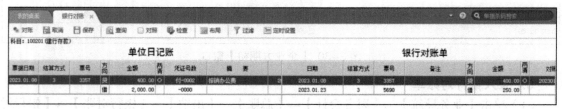

图 3-34 对账结果

7. 查询余额调节表

单击【业务导航】→【财务会计】→【总账】→【出纳】→【银行对账】→【余额调节表查询】，进入【银行存款余额表】窗口。单击【详细】按钮，打开【余额调节表（详细）】窗口，可以查询余额调节表。

任务 3.4　总账系统期末业务处理

【任务书】

将系统日期修改为"2023 年 1 月 31 日"，以"002 王芳"的身份登录总账系统。

（1）自定义结转：按短期借款期末余额的 0.2% 计提短期借款利息。

（2）对应结转：将"应交税费——应交增值税（销项税额）"贷方发生额转入"应交税费——未交增值税"。

（3）期间损益结转：将本月"期间损益"转入"本年利润"。

（4）生成期末自定义结转、对应结转的凭证。

（5）生成期间损益结转凭证。

（6）对账。

（7）结账。

【工作准备】

1. 自定义结转

自定义结转是指用户根据企业的实际业务和成本计算的要求，对费用分摊、税金计算结转和辅助核算结转所进行的转账定义。自定义结转在【总账】→【期末】→【转账定义】→【自定义结转】中实现。

2. 对应结转

对应结转主要用于两个科目之间的转账定义，要求科目之间存在明确的对应结转关系，并且科目都设置了一致的辅助核算或者都没有辅助核算，如制造费用结转、本年利润结转和利润分配结转等。

3. 期间损益结转

期间损益结转指期末将损益类科目的余额结转到本年利润科目中，从而及时反映企业的经营成果。

4. 生成期末自定义结转、对应结转的凭证

自动转账定义完成后，每月月末只需利用系统自动生成转账凭证的功能，就可有选择地将已定义的自动转账生成相应的凭证，并自动追加到未记账凭证中。自定义结转凭证与对应结转凭证的生成方式类似，在前期已经进行了相关转账定义的前提下，按业务需求设置生成凭证。

5. 生成期间损益结转凭证

期间损益结转是指将损益类科目余额，转入本年利润科目进行后续利润核算的业务处理。期间损益结转应在月末将所有损益类科目凭证全部登记入账后才进行。因此，在系统生成期间损益结转凭证之前，应将所有的未记账凭证全部记账。

6. 对账

对账是指对账簿数据进行核对，以检查记账是否正确以及试算是否平衡，主要通过核对总账和明细账、总账和辅助账数据来完成账账核对。在进行对账时，还可进行试算平衡检查。

7. 结账

总账系统的结账是每月期末处理的最后一项操作，结账只能在每月月底进行一次，且必须

按月连续进行。在进行期末结账前，必须将本月所有未记账凭证进行记账，否则系统会拒绝进行结账。结账完成后，不能输入当月的记账凭证，该月也不能再记账。若同时启用了多个业务系统，相关系统结账后，总账系统才能结账。

【任务处理】

操作视频

总账系统期末业务处理

1. 设置自定义结转凭证

（1）以"002 王芳"的身份登录企业应用平台，单击【业务导航】→【财务会计】→【总账】→【期末】→【转账定义】→【自定义转账】，进入【自定义转账设置】窗口。单击【增加】，打开【转账目录】对话框，如图 3-35所示。

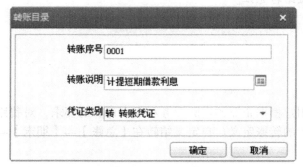

图 3-35 【转账目录】对话框

（2）输入转账序号"0001"、转账说明"计提短期借款利息"，凭证类别选择"转 转账凭证"，单击【确定】按钮。

（3）单击【增行】按钮，在【科目编码】栏输入"6603"，方向选择"借"，双击【金额公式】栏，单击其中的参照按钮，打开【公式向导】对话框。

（4）选择"期末余额"函数，单击【下一步】按钮。选择科目"2001"，其他选项保持默认，单击【完成】按钮。再输入"*0.002"，然后按【Enter】键。

（5）在【科目编码】栏输入"2231"，方向选择"贷"，在【金额公式】栏输入"JG( )"，然后单击【保存】按钮，如图 3-36所示。

图 3-36 自定义结转设置

2. 设置对应结转转账凭证

（1）单击【业务导航】→【财务会计】→【总账】→【期末】→【转账定义】→【对应结转】，进入【对应结转设置】窗口。输入编号"0002"，凭证类别选择"转 转账凭证"，输入摘要"结转销项税额"，转出科目选择"22210102[应交税费——应交增值税（销项税额)]。

（2）单击【增行】按钮，输入科目编码"22210102"（应交税费——未交增值税），结转系数为"1"，单击【保存】按钮，如图 3-37所示。

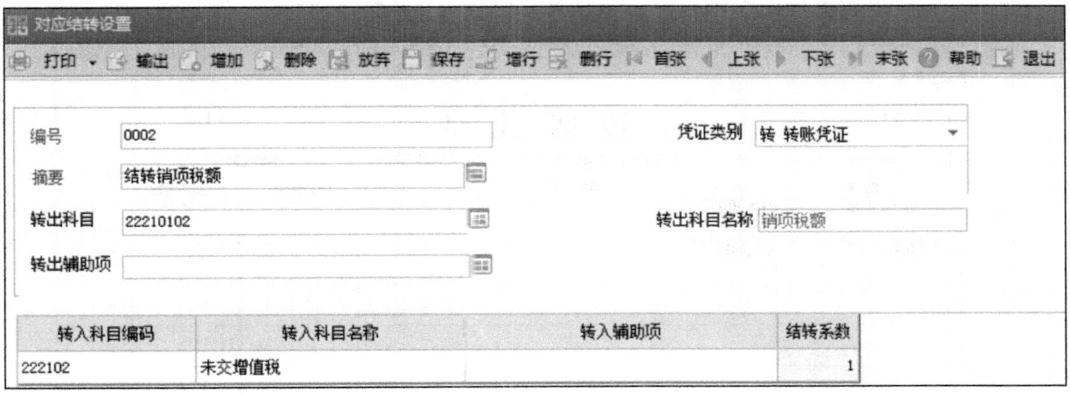

图 3-37　对应结转设置

3. 设置期间损益结转

单击【业务导航】→【财务会计】→【总账】→【期末】→【转账定义】→【期间损益】，打开【期间损益结转设置】对话框。凭证类别选择"转 转账凭证"，本年利润科目输入"4103"；单击【确定】按钮，如图 3-38 所示。

图 3-38　设置期间损益结转

4. 生成期末自定义结转和对立结转的凭证

（1）单击【业务导航】→【财务会计】→【总账】→【期末】→【转账生成】，打开【转账生成】对话框。选中【自定义转账】，单击【全选】和【确定】按钮，生成计提短期借款利息凭证，如图 3-39 所示，单击【保存】和【退出】按钮。

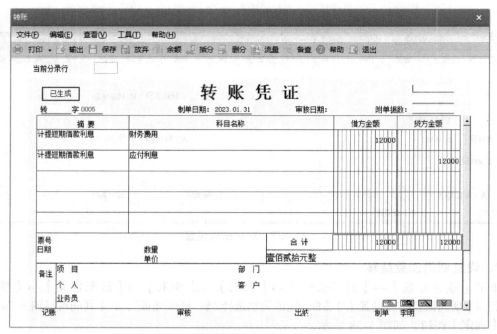

图 3-39　计提短期借款利息凭证

（2）在【转账生成】对话框，选中【对应结转】，单击【全选】和【确定】按钮，生成对应结转凭证。

5.　生成期间损益结转凭证

单击【业务导航】→【财务会计】→【总账】→【期末】→【转账生成】，打开【转账生成】对话框。选中【期间损益结转】，依次单击【全选】和【确定】按钮，生成期间损益结转凭证，如图 3-40 所示。

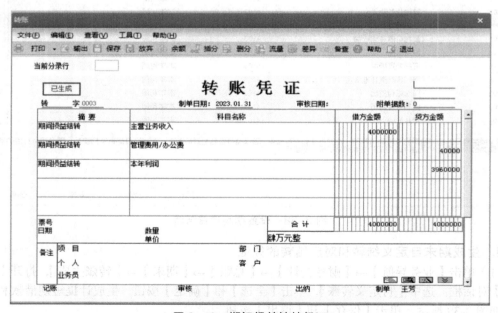

图 3-40　期间损益结转凭证

6. 对账

单击【业务导航】→【财务会计】→【总账】→【期末】→【对账】，打开【对账】窗口，如图 3-41 所示。选择对账月份，单击【试算】按钮，可查看本期试算平衡表。

图 3-41　对账

7. 结账

（1）单击【业务导航】→【财务会计】→【总账】→【期末】→【结账】，在打开的【结账】对话框中依次单击【下一步】、【对账】和【下一步】按钮，即出现 2023 年 1 月工作报告。继续单击【下一步】按钮，系统提示 "2023 年 01 月未通过工作检查，不可以结账！"，如图 3-42 所示，单击【取消】按钮。

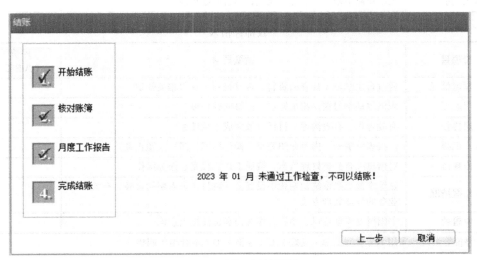

图 3-42　不可以结账提示

（2）以账套主管身份登录企业应用平台，单击【业务导航】→【基础设置】→【基本信息】→【系统启用】，取消应收款管理系统、应付款管理系统的启用，重新结账。

学思小课堂

职业责任

　　职业责任是指人们在一定职业活动中所承担的特定的职责，它包括人们应该做的工作和应该承担的义务。

　　企业家要带领企业战胜当前的困难，走向更辉煌的未来，就要在爱国、创新、诚信、社会责任和国际视野等方面不断提升自己，努力成为新时代构建新发展格局、建设现代化经济体系、推动高质量发展的生力军。优秀企业家必须对国家、对民族怀有崇高使命感和强烈责任感，把企业发展同国家繁荣、民族兴盛、人民幸福紧密结合在一起，主动为国担当、为国分忧，正所谓"利于国者爱之，害于国者恶之"。只有真诚回报社会、切实履行社会责任的企业家，才能真正得到社会认可，才是符合时代要求的企业家。

项目总结评价

　　本项目主要学习总账系统的基础知识和操作方法。工作流程可总结为七个步骤：总账系统初始化设置—填制凭证—出纳签字—审核凭证—记账—账证查询—总账系统期末业务处理。

学生自评表

评价项目	质量要求	评价等级（A/B/C/D）
完成任务时间	在规定时间内完成任务 3.1～任务 3.4	
任务完成质量	所有任务均按照要求完成，操作方法得当	
技能掌握情况	熟练掌握总账系统初始化中设置会计科目、录入期初余额、有关日常业务的凭证处理方法	
团队协作情况	有效合作、有效沟通、目标一致完成小组任务	
语言表达能力	汇报思路清晰，内容介绍完整，回答问题正确	

教师评价表

评价项目	质量要求	评价等级（A/B/C/D）
课前预习情况	通过自主学习（如查阅资料、观看视频）获得相关知识	
学习态度	积极主动学习获得相关知识，回答问题积极	
沟通协作	有效合作、有效沟通、目标一致完成小组任务	
展示汇报	汇报思路清晰，内容介绍完整，操作熟练，回答问题正确	
操作规范	对信息综合分析处理恰当，按照工作流程完成任务操作	
技能掌握情况	熟练掌握总账系统初始化中设置会计科目、录入期初余额、有关日常业务的凭证处理方法	
职业道德	牢固树立安全意识、团队合作意识和责任担当意识	

　　注：评价等级统一采用 A（优秀）/B（良好）/C（合格）/D（不合格）四档。

采购与应付款管理系统业务处理

项目概述

　　应付款管理系统包括初始化设置、录入应付单据、修改应付单据、删除应付单据、核销应付单据、票据管理、转账等功能。该系统的使用者为企业的采购人员、应付款管理人员、存货管理人员。本系统主要实现企业与供应商之间业务往来账款的核算与管理。本项目主要指导学生在应付款管理系统中，以采购发票、应付单据等原始单据为依据，记录采购业务及其他业务所形成的往来款项，处理应付款项的支付、转账等情况，从而实现对采购和应付款的管理。

学习目标

　　1. 理解用友 ERP-U8 V15.0 中采购与应付款管理系统的运行原理。

　　2. 掌握应付款管理系统初始化设置、录入应付单据、修改应付单据、删除应付单据、核销应付单据、票据管理、转账的处理方法。

　　3. 能够根据业务要求设置应付款管理系统参数，进行应付款日常业务处理，对应付款管理系统与总账系统进行操作。

　　4. 培养诚信、守法的职业道德，以及求真务实、开拓进取的职业精神。

业务处理流程

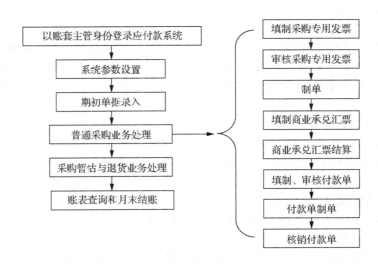

案例导入

　　采购是企业在一定的条件下向供应商购买产品或服务作为企业资源的整个过程。采购作为保证企业生产及经营活动正常开展的经营活动，是企业供应链管理过程中的主导力量。企业为了获取尽可能多的利润，会想方设法加快物料和信息的流动，这样就必须依靠采购的力量，充分发挥供应商的作用。

　　蓝星公司是一家机械制造企业，采购业务的处理也至关重要。采购环节包括购买、开具发票、入库、验收、开票支付等，环环相扣。如果开票不及时，还需要暂估入库；若验收不合格，需要退货处理；等等。在用友 ERP-U8 V15.0 系统中，采购业务将如何处理，以及如何操作？本项目将为我们解决这些问题。

课前任务

　　1. 观看教学视频，熟悉应付款管理系统初始化设置，普通采购业务、采购暂估业务和采购退货业务等的处理方法和操作。

　　2. 讨论分析采购与应付款管理系统主要处理哪些经济业务，与其他管理模块有什么关系。

学习任务

任务 4.1　应付款管理系统初始化设置

【任务书】

　　（1）设置系统参数。

　　应付款核销方式为"按单据"，单据审核日期依据为"业务日期"，应付款核算类型为"详细核算"，受控科目制单依据为"明细到供应商"，非受控科目制单方式为"汇总方式"，启用供应商权限，并且按信用方式根据单据提前 7 天自动报警。

　　（2）设置基本科目。

　　应付科目为"2202 应付账款"，预付科目为"1123 预付账款"，采购科目为"1401 材料采购"，税金科目为"22210101 应交税费——应交增值税（进项税额）"，银行承兑科目为"2201 应付票据"，商业承兑科目为"2201 应付票据"，现金折扣科目为"6603 财务费用"，票据利息科目为"6603 财务费用"，票据费用科目为"6603 财务费用"，收支费用科目为"6601 销售费用"。

　　（3）设置结算方式科目。

　　现金结算方式科目为"1001 库存现金"，现金支票结算方式科目、转账支票结算方式科目、信汇结算方式科目、电汇结算方式科目及银行汇票结算方式科目均为"100201 建行存款"。

　　（4）设置逾期账龄区间。

　　设置逾期账龄总天数分别为 30 天、60 天、90 天和 120 天。

　　（5）设置预警级别。

　　A 级的总比率为 10%，B 级的总比率为 20%，C 级的总比率为 30%，D 级的总比率为 40%，

E 级的总比率为 50%，总比率在 50% 以上的为 F 级。

（6）设置单据编号。

采购专用发票、付款单、其他应付单的单据编号都设置为"完全手工编号"。

（7）录入期初余额。

期初余额情况如表 4-1 所示。增值税税率均为 13%。

表 4-1　　　　　　　　　　　　期初余额情况

单据名称	方向	开票日期	票号	供应商名称	采购部门	科目编码	货物名称	数量	无税单价/元	价税合计/元
采购专用发票	正	2022-11-15	33987	育兴公司（01）	采购部	2202	钢材	30 吨	550	18 645
采购专用发票	正	2022-11-18	34567	优网公司（03）	采购部	2202	油漆	200 桶	50	11 300
采购专用发票	正	2022-11-23	32321	宏林公司（02）	采购部	2202	钢材	22 吨	500	12 430
预付款单	正	2022-11-23	111	育兴公司（01）	采购部	1123				10 000

【工作准备】

1. 应付款管理

在启用应付款管理系统之前，应该对手工处理的应付款业务数据资料进行整理。与应收款管理系统相似，用户要对供应商分类、供应商档案、存货资料等档案进行整理，并且根据管理的需要设置发票、应付单格式。

2. 启用应付款管理系统

需要在建立账套之后启用应付款管理系统，或者在企业应用平台中启用应付款管理系统。应付款管理系统启用的会计期间起点必须大于等于账套启用期间的起点。

3. 系统参数设置

在系统运行之前，需要设置运行所需要的账套参数，方便应付款管理系统根据设定的参数进行处理。应付款管理系统的参数的设置和页面与应收款管理系统相似。受控科目是指全部带有供应商往来辅助核算并且受控于应付款管理系统的科目。用户以账套主管的身份登录应付款管理系统，并且依据企业的具体要求对账套进行参数设置，从而方便系统根据所设定的参数进行对应的业务处理。

4. 基本科目设置

只有设置了基本科目，系统生成凭证时才可以直接生成凭证中的会计科目，否则凭证中是没有会计科目的。

5. 结算方式设置

企业有多种结算方式，主要包括现金结算、支票结算、商业汇票结算、银行汇票结算、汇兑结算、银行本票结算、托收承付与委托收款等。因为不同的结算方式有不同的要求，所以要根据结算方式设置相应的会计科目，从而方便应付款管理系统生成相应的记账凭证。

6. 期初余额录入

首次使用应付款管理系统时，需要把上期手工处理方式下未处理的单据录入应付款管理系统中，并且对应总账系统，从而方便以后进行核销单处理。第二年度进行处理时，应付款管理系统会自动把上一年度还未处理的单据结转至下一个年度，到时可以调整期初余额。在系统中，期初数据有未结算完的发票、应付单、预付款单据，未结算完的应付票据和未结算完的合同金额，这些数据必须是账套启用会计期间之前的数据。

【任务处理】

1. 设置系统参数

系统日期修改为 2023 年 1 月 1 日，以操作员 "001 李明" 的身份登录企业应用平台，单击【业务导航】→【财务会计】→【应付款管理】→【设置】→【选项】，打开【账套参数设置】对话框。单击【编辑】按钮，打开【权限与预警】选项卡，选中【信用方式】单选按钮，在【提前天数】栏输入 "7"，单击【确定】按钮，如图 4-1 所示。

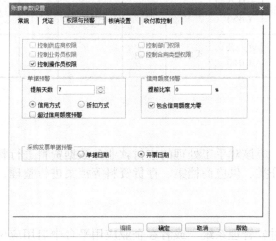

操作视频

应付款管理系统
初始化设置（1）

图 4-1　账套参数设置

2. 设置基本科目

进入应付款管理系统，单击【设置】→【科目设置】→【基本科目】，进入【应付基本科目】窗口。单击【增行】按钮，根据任务书中信息逐行增加各项基本科目，如图 4-2 所示。

基本科目

基本科目种类	科目	币种
应付科目	2202	人民币
预付科目	1123	人民币
采购科目	1401	人民币
税金科目	22210101	人民币
银行承兑科目	2201	人民币
商业承兑科目	2201	人民币
现金折扣科目	6603	人民币
票据利息科目	6603	人民币
票据费用科目	6603	人民币
收支费用科目	6601	人民币

图 4-2　初始设置——基本科目设置

3. 设置结算方式科目

进入应付款管理系统，单击【设置】→【科目设置】→【结算科目】，进入【应付结算科目】窗口。单击【增行】按钮，逐行增加结算方式科目。选择"现金结算"，在【币种】栏选择"人民币"，在【科目】栏选择"1001"，按【Enter】键。用此种方法录入其他的结算方式科目，结算方式科目设置完成界面如图 4-3 所示。

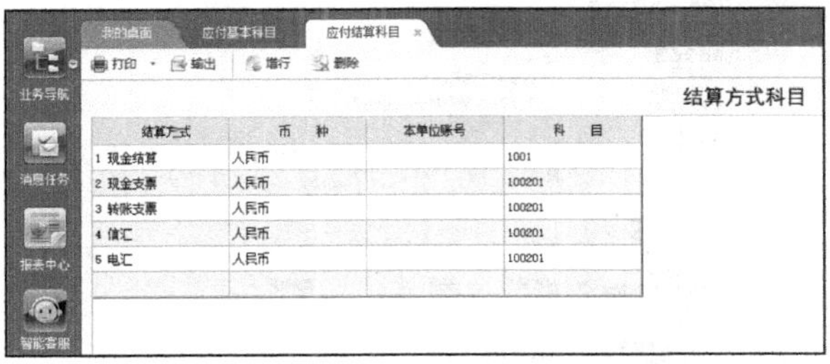

图 4-3　结算方式科目设置完成界面

4. 设置逾期账龄区间

进入应付款管理系统，单击【设置】→【初始设置】，进入【初始设置】窗口。单击左侧的【逾期账龄区间设置】，在【总天数】栏第一行输入"30"，按【Enter】键；在【总天数】栏第二行输入"60"，按【Enter】键。以此方法继续输入其他的总天数，逾期账龄区间设置完成界面如图 4-4 所示。

图 4-4　逾期账龄区间设置完成界面

5. 设置预警级别

进入应付款管理系统，单击【设置】→【初始设置】，进入【初始设置】窗口。单击左侧的【预警级别设置】，在【总比率】栏输入"10"，在【级别名称】栏输入"A 级"，按【Enter】键。用此种方法继续输入其他的总比率和级别，预警级别设置完成界面如图 4-5 所示。

图 4-5　预警级别设置完成界面

6. 设置单据编号

进入企业应用平台，单击【业务导航】→【基础设置】→【单据设置】→【单据编号设置】，进入【单据编号设置】窗口。在左侧区域单击【单据类型】→【采购管理】→【采购专用发票】，打开【单据编号设置-［采购专用发票］】对话框。单击【修改】按钮，勾选【完全手工编号】复选框，单击【保存】按钮，再单击【退出】按钮。同理，设置应付款管理中的其他应付单、付款单为"完全手工编号"，其他应付单单据编号设置如图 4-6 所示，付款单单据编号设置如图 4-7 所示。

图 4-6　设置其他应付单单据编号

图 4-7　设置付款单单据编号

7. 录入期初采购发票

（1）进入应付款管理系统，单击【期初余额】，打开【期初余额-查询】对话框。单击【确定】按钮，进入【期初余额】窗口。单击【增加】按钮，打开【单据类别】对话框。单据名称选择"采购发票"，单击【确定】按钮，打开【采购发票】窗口。

（2）单击【增加】按钮，修改开票日期为"2022-11-15"，输入发票号"33987"，在【供应商】栏选择"育兴公司"，在【科目】栏输入"2202"。在下面明细部分的【存货名称】栏选择"钢材"，在【数量】栏输入"30"，在【原币单价】栏输入"550"，如图 4-8 所示。单击【保存】按钮。用此种方法继续录入第二张和第三张采购专用发票。

图 4-8　录入第一张采购专用发票

操作视频

应付款管理系统
初始化设置（2）

8. 录入预付款单

（1）进入应付款管理系统，单击【期初余额】，打开【期初余额-查询】对话框。单击【确定】按钮，进入【期初余额】窗口。单击【增加】按钮，打开【单据类别】对话框，如图 4-9 所示。单据名称选择"预付款"，单击【确定】按钮，进入【期初单据录入】窗口。

图 4-9 设置单据类别

（2）单击【增加】按钮，修改日期为"2022-11-23"，在【供应商】栏选择"育兴公司"，在【结算方式】栏选择"转账支票"，在【结算科目】栏输入"100201"，在【金额】栏输入"10000"。在下面明细部分的【科目】栏输入"1123"后按【Enter】键，结果如图 4-10 所示。单击【保存】按钮，此时的期初余额明细表如图 4-11 所示。

图 4-10 录入预付款单

图 4-11 期初余额明细表

【课堂研讨】

1. 应付款管理系统主要处理哪些业务？
2. 应付款管理系统初始化设置中有哪些注意事项？

任务 4.2　普通采购业务处理

【任务书】

（1）2023 年 1 月 15 日，从育兴公司采购钢材 10 吨，原币单价为 560 元，增值税税率为 13%（采购专用发票号码：66880）。

（2）2023 年 1 月 16 日，从宏林公司采购钢材 50 吨，原币单价为 495 元，增值税税率为 13%（采购专用发票号码：34511）。

（3）2023 年 1 月 18 日，从育兴公司采购钢材 12 吨，原币单价为 600 元，增值税税率为 13%（采购专用发票号码：69900）。

（4）2023 年 1 月 20 日，向宏林公司签发并承兑商业承兑汇票一张（商业承兑汇票号：56121），面值为 27 967.5 元，到期日为 2023 年 6 月 20 日。该汇票用于结算 1 月 16 日采购 50 吨钢材的货税款。

（5）2023 年 1 月 21 日，向优网公司签发商业承兑汇票一张（商业承兑汇票号：56561），面值 11 300 元，用于结算 2022 年 11 月 18 日采购油漆的货税款。

（6）2023 年 1 月 23 日以转账支票（金额为 7 500 元）支付向育兴公司购买 10 吨钢材的货税款，余款作为预付款。

（7）2023 年 1 月 28 日，经双方同意，将向育兴公司购买 12 吨钢材的货税款 8 136 元与预付款项余额冲抵。

（8）2023 年 1 月 30 日，经三方同意，将 2022 年 11 月 23 日形成的应向育兴公司支付的货税款 18 645 元转为向宏林公司的应付账款。

请在应付款管理系统中做以上经济业务的账务处理。

【工作准备】

1. 应付单据处理

应付单据处理主要是指对应付单据（采购发票、应付单）的管理，包括录入与审核应付单据。根据核算业务的不同，所处理的单据类型也不同。单据的录入、审核、查询与应收款管理系统相似，可以在应付款管理系统中执行"应付单据录入""应付单据处理"等操作来增加、修改单据。

2. 付款单据处理

付款单据处理是指对结算单据进行管理，包括付款单、收款单（红字付款单）的录入、审核。付款单用于记录企业支付的款项，收款单用于记录在发生采购退货时企业收到的供应商退款。在处理收款单时，需要指明是预付款退回、应付款退回还是其他费用退回。在应付款管理系统中可执行"付款单据录入""付款单据处理"等操作来增加、审核和删除、修改单据。

3. 核销处理

核销处理是指在日常业务处理中款项支出核销应付款的操作。该功能主要是记录企业部门与供应商之间款项支出和应付款的核销记录，监督应付款并及时核销，对往来款项加强管理。

核销的方式有两种，分别是手工核销与自动核销。在进行手工核销处理时，可依据查询条件选择需要核销的单据，之后人工确定系统内付款和应付款的对应关系再进行核销，这种方式下往来款项的核销处理更加灵活。自动核销是依据查询条件选择要核销的单据，之后系统自动确定系统内付款和应付款的对应关系，再进行核销处理，从而提高往来款项核销的效率。核销时，所核销的应付单据和付款单据必须是经过审核的单据，并且只可以同币种间进行批量核销，异币种的核销在进行付款单据录入操作时处理。批量核销完成之后，如果在系统选项中选择核销制单，那么可以采取制单处理操作进行核销制单。

4．应付票据业务处理

应付票据业务处理是指对开出的应付票据进行登记、转出、计息、结算单处理。应付票据的管理和应收票据的管理相似，相比于应收票据，应付票据没有贴现与背书处理。

在应付款管理系统中，如果要进行票据的登记簿管理，必须把"应付票据"科目设置为带有供应商往来辅助核算的科目。

5．汇票处理

在票据管理中，可以对商业承兑汇票与银行承兑汇票进行日常的业务处理，这些处理包括票据的取得、结算、背书、转出与计息等。同时要注意，商业承兑汇票不可以有承兑银行，银行承兑汇票必须有承兑银行。

6．票据修改

系统中由票据生成的付款单不可以修改。票据保存之后，系统会自动生成一张付款单。付款单必须在审核后再制单生成记账凭证，最后才能完成应付账款结转到应付票据的核算步骤。

7．其他业务处理

应付票据结算指应付票据到期企业付款给供应商时应该进行的票据结算处理。应付票据计息指若开出的应付票据为带息票据，那么需要进行计息处理。应付票据转出指若票据到期之后仍不可付款，那么应进行应付票据转出处理，也就是把应付票据转为应付账款。

8．转账业务类型

预付款冲应付款是指企业对某个供应商进行付款处理时，此项采购业务曾有预付款发生，可以把对供应商的预付款项与供应商的货款进行转账核销处理。

应付款冲应付款是指把一家供应商的应付款转到另一家供应商，或者是把一个部门、一个业务员的应付款转到另一个部门或业务员。

应付款冲应收款是指把对某个供应商的应付款冲抵对某个客户的应收款，从而实现应付账款和应收账款的冲抵。

红字单据冲蓝字单据是指把同一个供应商的红字发票与蓝字发票、红字应收单和蓝字应收单、收款单与付款单进行冲抵的处理。

9．转账金额

每笔应付款的转账金额不可以大于其余额，并且每次只能选择一个转入单位。应付款冲销预付款，应付款的转账金额的合计数应与预付款的转账金额的合计数相等。

【任务处理】

以李明的身份登录企业应用平台，在各经济业务的发生日期进入各相关系统进行业务操作。

1．填制采购专用发票

（1）以李明的身份，在业务发生日期 2023 年 1 月 15 日单击【业务导航】→【供应链】→【采购管理】进入采购管理系统。单击【采购发票】→【专用采购发票】（见图 4-12），进入【专用发票】窗口。

（2）单击【增加】按钮，输入开票日期为"2023-01-15"，输入发票号"66880"，在【供应商】栏选择"育兴公司"。在【存货编码】栏输入"001"，或单击【存货名称】栏，选择"钢材"。在【数量】栏输入"10"，在【原币单价】栏输入"560"，然后输入其余信息，单击【保存】和【复核】按钮。采购专用发票填制完成后如图 4-13 所示。

操作视频

普通采购业务处理
（1）

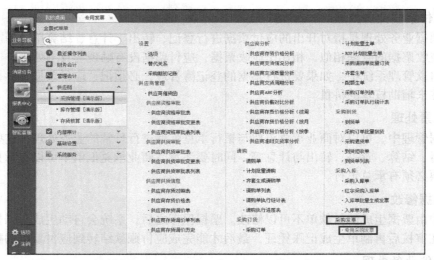

图 4-12　在采购管理系统下单击【采购发票】→【专用采购发票】

图 4-13　填制采购专用发票

（3）按照以上步骤完成第二笔、第三笔业务对应的采购专用发票的填制、复核。

2. 审核采购专用发票

进入应付款管理系统，单击【采购发票】→【采购发票查询】，如图 4-14 所示。打开【采购发票查询】窗口，单击【查询】按钮，选择要审核的第一张采购专用发票，单击【审核】按钮，操作结果如图 4-15 所示，系统提示"本次审核成功单据[1]张"，单击【确定】按钮。按照以上步骤审核第二张、第三张采购专用发票，审核结果如图 4-16 所示。

图 4-14　在应付款管理系统下单击【采购发票】→【采购发票查询】

图 4-15 采购发票列表

图 4-16 采购专用发票审核完成

3. 制单

（1）进入应付款管理系统，单击【凭证处理】→【生成凭证】，如图 4-17 所示，打开【制单查询】对话框，勾选【发票】复选框，单击【确定】按钮，如图 4-18 所示。进入【生成凭证】窗口，单击【全选】按钮，再单击【凭证类别】栏的下拉按钮，选择"转账凭证"，如图 4-19 所示。

图 4-17 在应付款管理系统下单击【凭证处理】→【生成凭证】

图 4-18 制单查询过滤（发票）

图 4-19　选择凭证类别

（2）单击【制单】按钮，生成第一张转账凭证，继续单击【保存】按钮。然后单击【下张】按钮▶，完成全部单据的制单，结果如图 4-20 所示。

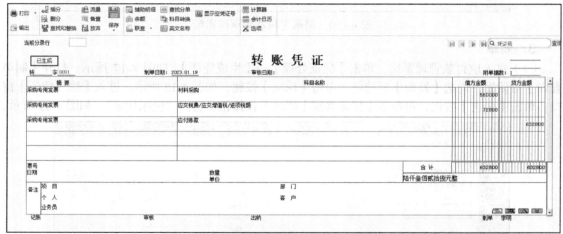

（a）第一张转账凭证

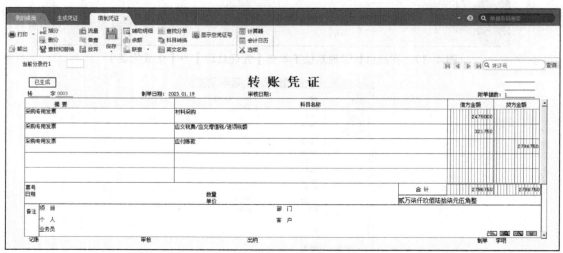

（b）第二张转账凭证

图 4-20　生成采购转账凭证

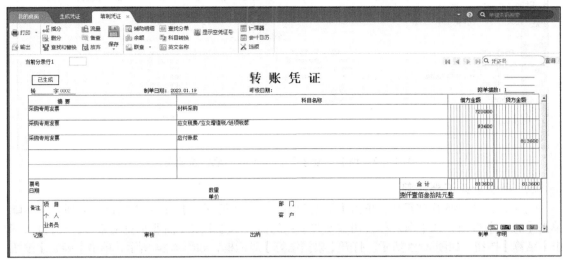

（c）第三张转账凭证

图 4-20 生成采购转账凭证（续）

4. 填制商业承兑汇票（第四笔经济业务）

（1）以李明的身份，在业务发生日期 2023 年 1 月 20 日进入应付款管理系统。单击【票据管理】→【票据录入】，如图 4-21 所示，进入【应付票据录入】窗口。

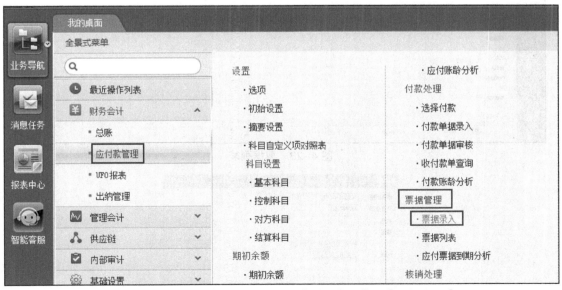

图 4-21 在应付款管理系统下单击【票据管理】→【票据录入】

（2）单击【增加】按钮，票据类型选择"商业承兑汇票"，在【票据编号】栏输入"56121"，在【收款人】栏输入"吉林宏林公司"，在【金额】栏输入"27967.5"，在【出票日期】栏输入"2023-01-20"，在【到期日】栏输入"2023-06-20"，在【结算方式】栏选择"转账支票"，单击【保存】按钮，如图 4-22 所示。

图 4-22　填制商业承兑汇票（第四笔经济业务）

5. 商业承兑汇票结算

（1）进入应付款管理系统，单击【票据管理】→【票据列表】，打开【应付票据列表】窗口。单击【查询】按钮，选中向宏林公司签发并承兑的商业承兑汇票（商业承兑汇票号：56121），单击【结算】按钮，如图 4-23 所示。打开【票据结算】对话框，如图 4-24 所示，单击【确定】按钮。

图 4-23　票据列表

图 4-24　【票据结算】对话框

（2）出现【应付款管理】对话框，询问"是否立即制单"，如图 4-25 所示。单击【是】按钮，生成结算的记账凭证，修改凭证类别为"付款凭证"，单击【保存】按钮，如图 4-26 所示。

图 4-25　【应付款管理】对话框

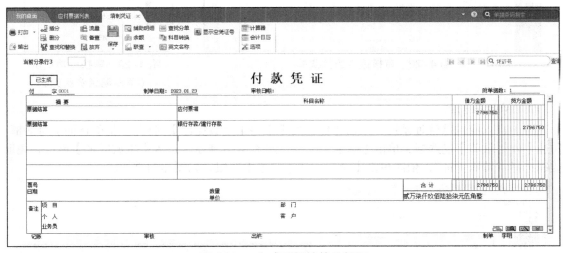

图 4-26　生成票据结算的凭证

6. 审核付款单

进入应付款管理系统，单击【付款处理】→【付款单据审核】，如图 4-27 所示。进入【付款单据审核】窗口，单击【查询】按钮，选中所有付款单，单击【审核】按钮，如图 4-28 所示。系统出现"本次审核成功单据[1]张"的提示，单击【确定】按钮，如图 4-29 所示。【审核人】栏出现审核人的姓名，单击【退出】按钮退出。

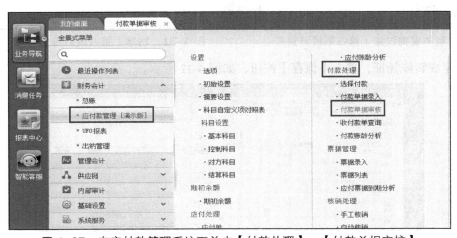

图 4-27　在应付款管理系统下单击【付款处理】→【付款单据审核】

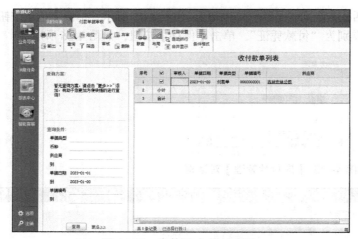

图 4-28　审核选中的付款单　　　　图 4-29　审核成功提示
　　　　　　　　　　　　　　　　　　（第四笔经济业务）

7. 付款单制单

（1）进入应付款管理系统，单击【凭证处理】→【生成凭证】，打开【制单查询】对话框。勾选【收付款单】复选框，单击【确定】按钮，如图 4-30 所示。进入【生成凭证】窗口，凭证类别选择"转账凭证"，依次单击【全选】和【制单】按钮，如图 4-31 所示。

图 4-30　制单查询过滤（第四笔经济业务）　　　图 4-31　制单（第四笔经济业务）

（2）生成转账凭证，单击【保存】按钮，如图 4-32 所示。

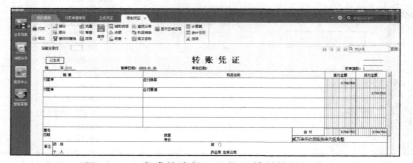

图 4-32　生成转账凭证（第四笔经济业务）

8. 第五笔经济业务的相关操作

第五笔经济业务的操作与第四笔的操作相同，具体操作见图 4-33 至图 4-38。

图 4-33　填制商业承兑汇票（第五笔经济业务）

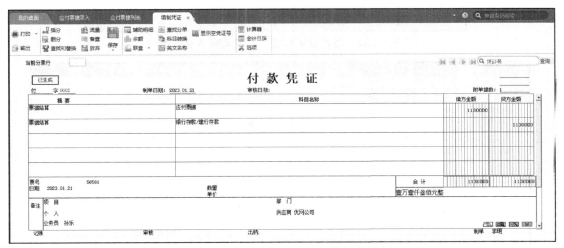

图 4-34　生成付款凭证（第五笔经济业务）

图 4-35　票据审核成功提示（第五笔经济业务）

图 4-36　制单查询过滤（第五笔经济业务）

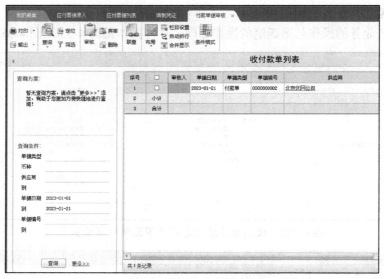

图 4-37　收付款单列表（第五笔经济业务）

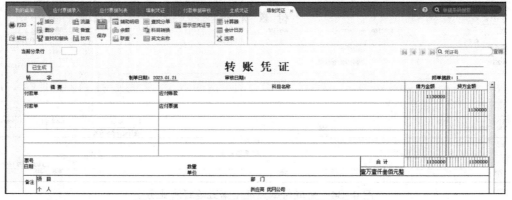

图 4-38　生成转账凭证（第五笔经济业务）

9. 填制付款单（第六笔经济业务）

（1）进入应付款管理系统，单击【付款处理】→【付款单据录入】，如图 4-39 所示，进入【付款单据录入】窗口。

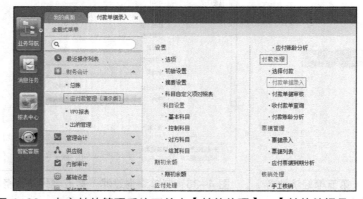

图 4-39　在应付款管理系统下单击【付款处理】→【付款单据录入】

操作视频

普通采购业务处理
（2）

（2）单击【增加】按钮，修改日期为"2023-01-23"，在【供应商】栏输入"01"，或单击【供应商】，选择"育兴公司"，在【结算方式】栏选择"转账支票"，在【金额】栏输入"7500"，依次单击【保存】和【审核】按钮，如图 4-40 所示。系统询问"是否立即制单？"，如图 4-41 所示，单击【是】按钮，生成的付款凭证如图 4-42 所示。

图 4-40 付款单填制完成

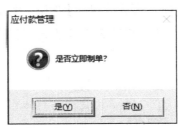

图 4-41 系统询问"是否立即制单"

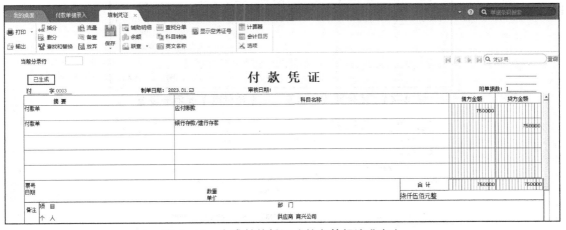

图 4-42 生成付款凭证（第六笔经济业务）

10. 核销付款单

进入应付款管理系统，单击【核销处理】→【手工核销】，进入【核销条件】窗口。在【供应商】栏输入"01"，或单击【供应商】栏，选择"育兴公司"，单击【确定】按钮，进入【手工核销】窗口。在上半部分【本次结算】栏的第 2 行输入"6328"，在下半部分【本次结算】栏的第 2 行输入"6328"，如图 4-43 所示。单击【确认】按钮。

图 4-43 手工核销

11. 将预付账款冲抵应付账款（第七笔经济业务）

进入应付款管理系统，单击【转账】→【预付冲应付】，打开【预付冲应付】对话框。在【供应商】栏输入 "01"，或单击【供应商】栏，选择 "上海育兴公司"，单击【过滤】按钮，在【转账金额】栏输入 "8136"，如图 4-44 所示。切换至【应付款】选项卡，单击【过滤】按钮，在【转账金额】栏输入 "8136"，如图 4-45 所示。单击【确定】按钮，弹出 "是否立即制单" 提示，单击【是】按钮，将凭证类别修改为 "转账凭证"，单击【保存】按钮，生成的转账凭证如图 4-46 所示。

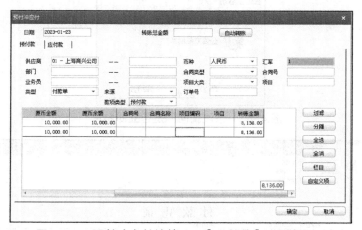

图 4-44 预付冲应付结算——【预付款】选项卡设置

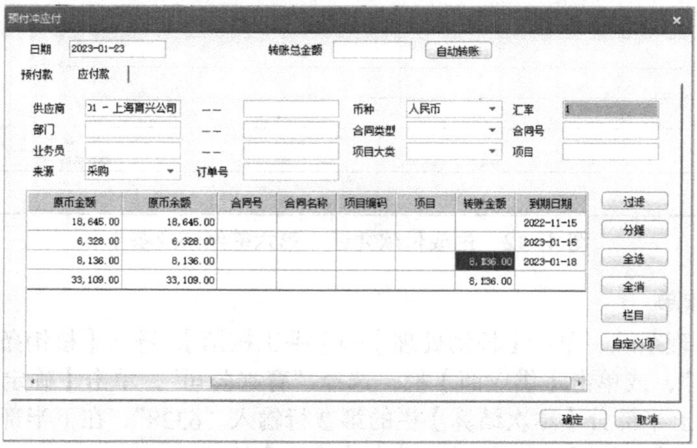

图 4-45 预付冲应付结算——【应付款】选项卡设置

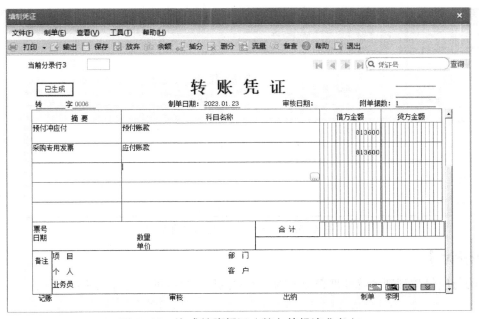

图 4-46　生成转账凭证（第七笔经济业务）

12. 将应付账款冲抵应付账款（第八笔经济业务）

进入应付款管理系统，单击【转账】→【应付冲应付】，打开【应付冲应付】窗口，勾选【预付款】复选框。在【转出】列表框的【供应商】栏输入"01"，或单击【供应商】栏，选择"上海育兴公司"；在【转入】列表框的【供应商】栏输入"02"，或单击【供应商】栏，选择"吉林宏林公司"。单击【查询】按钮，在【并账金额】栏输入"18645"，如图 4-47 所示。单击【确认】按钮，弹出"是否立即制单"提示，单击【是】按钮，将凭证类别修改为"转账凭证"，单击【保存】按钮，如图 4-48 所示。

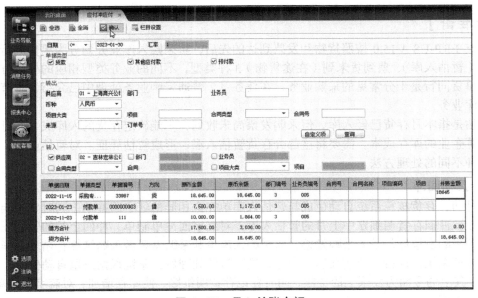

图 4-47　录入并账金额

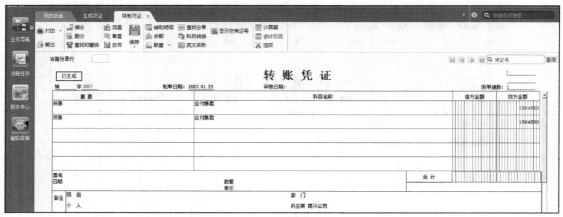

图 4-48　生成应付冲应付转账凭证

【课堂研讨】

采购与应付款管理系统处理普通采购业务的流程是怎样的？有什么注意事项？

任务 4.3　采购暂估业务处理

【任务书】

（1）2023 年 1 月 23 日，收到宏林公司开具的上月已验收入库的钢材 20 吨、原币单价为 500 元、增值税税率为 13%的采购专用发票一张（发票号码：48210），进行暂估报销处理，确定采购成本及应付账款。

（2）2023 年 1 月 19 日，收到从宏林公司采购的钢材 30 吨，货物已验收入库，但发票尚未开具。2023 年 1 月 23 日，仍未收到从宏林公司采购的 30 吨钢材的发票，暂估该批钢材的单价为 500 元，进行暂估记账处理。

【工作准备】

用友 ERP-U8 V15.0 按照货物和发票到达的先后，将采购入库业务划分为单货同行、货到票未到（暂估入库）、票到货未到（在途货物）3 种类型，不同的业务类型相应的处理方式有所不同。单货同行是十分常见的采购业务，在任务 4.2 普通采购业务处理中已介绍，本节将介绍暂估入库业务。

暂估是指本月存货已经入库，但采购发票尚未收到，不能确定存货的入库成本，月底为了正确核算企业的库存成本，需要将这部分存货暂估入账，形成暂估凭证。对暂估业务，系统提供了 3 种不同的处理方法。

1. 月初回冲

下月初，存货核算系统自动生成与暂估入库单完全相同的红字回冲单；同时登录相应的存货明细账，冲回存货明细账中上月的暂估入库；对红字回冲单制单，冲回上月的暂估凭证。

收到采购发票后，录入采购发票，对采购入库单和采购发票做采购结算；结算完毕后，进入存货核算系统，执行"暂估处理"命令；进行暂估处理后，系统根据发票自动生成一张蓝字回冲单，其上的金额为发票上的金额，同时登记存货明细账，使库存增加；对蓝字回冲单制单，生成采购入库凭证。

2. 单到回冲

下月初不做处理，收到采购专用发票后，在采购管理系统中录入并进行采购结算；再到存货核算系统中进行暂估处理，系统自动生成红字回冲单、蓝字回冲单，同时据以登记存货明细账。红字回冲单的入库金额为上月暂估金额，蓝字回冲单的入库金额为发票上的报销金额。执行"存货核算"和"生成凭证"操作，选择红字回冲单、蓝字回冲单制单，生成凭证，传递到总账。

3. 单到补差

下月初不做处理，收到采购发票后，在采购管理系统中录入并进行采购结算，再到存货核算中进行暂估处理。如果报销金额与暂估金额的差额不为零，则产生调整单，一张采购入库单生成一张调整单，用户确认后，自动记入存货明细账；如果差额为零，则不生成调整单。最后对调整单制单，生成凭证，传递到总账。

【任务处理】

1. 采购结算前的暂估报销处理（第一笔经济业务）

（1）在采购管理系统中填制采购专用发票及入库单。

以李明的身份，在业务发生日期 2023 年 1 月 23 日进入采购管理系统，单击【采购发票】→【专用采购发票】，进入【专用发票】窗口。单击【增加】按钮，输入发票的相关信息，依次单击【保存】和【复核】按钮，如图 4-49 所示。单击【采购发票查询】→【查询】，进入【采购发票列表】窗口，单击【审核】按钮，系统提示"本次审核成功单据[1]张"，然后单击【确定】按钮。同时，在库存管理系统中填制该业务的采购入库单，如图 4-50 所示。

操作视频

采购暂估业务处理

图 4-49　填制采购专用发票

图 4-50　填制采购入库单

（2）在采购管理系统中手工结算。

在采购管理系统中，单击【采购结算】→【手工结算】，进入【手工结算】窗口。单击【选单】按钮，供应商选择"宏林公司"，单击【查询】按钮，然后单击【确定】按钮，打开【结算选单】窗口。在【结算选发票列表】区域选择对应发票，在【结算选入库单列表】区域选择对应入库单，如图 4-51 所示。单击【确定】按钮，然后单击【结算】按钮，系统提示"完成结算!"，结果如图 4-52 所示。

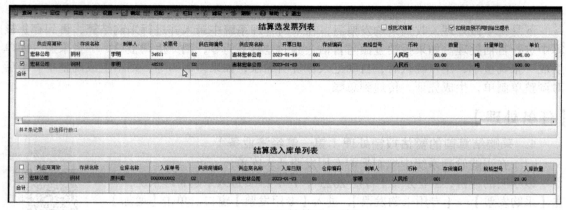

图 4-51　手工结算选单列表

图 4-52　手工结算结果

（3）在存货核算系统中进行结算成本处理。

在存货核算系统中，单击【记账】→【结算成本处理】，打开【结算成本处理】对话框。勾选【原料库】和【未全部结算完的单据是否显示】，如图 4-53 所示，单击【确定】按钮。

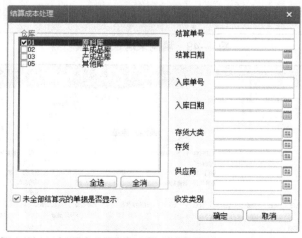

图 4-53　结算成本处理

（4）在应付款管理系统中进行制单处理。

进入应付款管理系统，单击【凭证处理】→【生成凭证】，打开【制单查询】对话框。勾选【发票】复选框，单击【确定】按钮，进入【生成凭证】窗口。凭证类别选择"转账凭证"，依次单击【制单】和【保存】按钮，生成转账凭证，如图4-54所示。

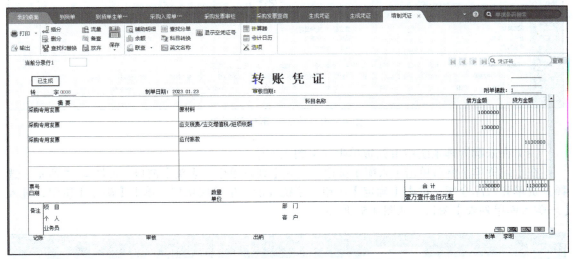

图 4-54　生成转账凭证（第一笔经济业务）

2. 采购结算后的暂估记账处理（第二笔经济业务）

（1）在采购管理系统中填制采购订单。

以李明的身份，在业务发生日期2023年1月19日进入采购管理系统，单击【采购订单】进入【采购订单】窗口。单击【增加】按钮，选择供应商和存货，填写数量、价格，依次单击【保存】和【审核】按钮，结果如图4-55所示。

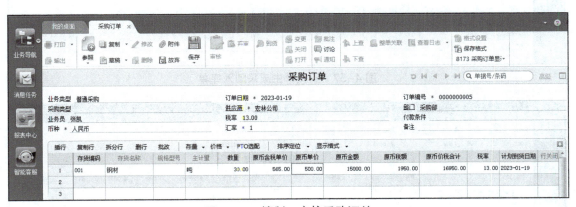

图 4-55　填制、审核采购订单

（2）在采购管理系统中填制到货单。

在【采购订单】窗口单击【到货】按钮，打开【到货单】窗口。单击【增加】按钮，填写到货单信息，依次单击【保存】和【审核】按钮，结果如图4-56所示。

图 4-56　填制、审核到货单

（3）在采购管理系统中由到货单生成采购入库单。

在【到货单】窗口单击【入库】按钮，进入【到货单生单表头】窗口，如图 4-57 所示。选择到货单和入库仓库，单击【确定】按钮，系统提示"生单成功！"，单击【确定】按钮，进入【采购入库单列表】窗口，如图 4-58 所示。

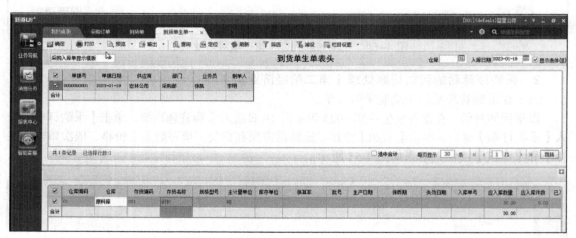

图 4-57　到货单生成采购入库单

图 4-58　【采购入库单列表】窗口

（4）在存货核算系统中进行暂估成本录入。

以李明的身份，在业务发生日期 2023 年 1 月 23 日单击【业务导航】→【供应链】→【存货核算】，进入存货核算系统。单击【记账】→【暂估成本录入】，进入【暂估成本录入】窗口。

单击【查询】按钮，在选项"是否包含已有暂估金额的单据"后选择【是】，双击选择暂估的单据，单击【保存】按钮，系统提示"保存成功！"，如图 4-59 所示。

图 4-59　暂估成本录入

（5）在存货核算系统中进行正常单据记账。

返回存货核算系统，单击【正常单据记账】。在【未记账单据记账】窗口单击【查询】按钮，选择对应单据，单击【记账】按钮，系统提示"记账成功"，如图 4-60 所示。

图 4-60　正常单据记账

（6）在存货核算系统中生成凭证。

返回存货核算系统，单击【生成凭证】。选择未生成凭证的单据，如图 4-61 所示，单击【确定】按钮，进入【生成凭证】窗口。输入科目编码，分别为"1403"和"2202"，如图 4-62 所示。然后依次单击【合并制单】和【保存】按钮，结果如图 4-63 所示。

图 4-61　未生成凭证单据

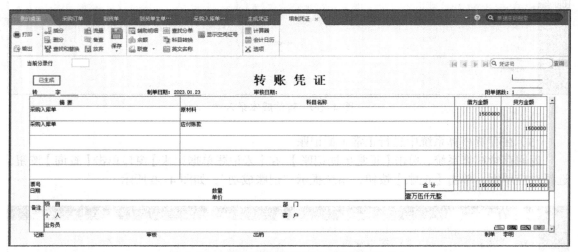

图 4-62　选单并设置凭证类别

图 4-63　生成转账凭证（第二笔经济业务）

【课堂研讨】

对暂估业务，在月末暂估采购入库单记账前，是否要对所有没有结算的采购入库单填入暂估单价才能记账？

任务 4.4　采购退货业务处理

【任务书】

（1）2023 年 1 月 15 日，从优网公司采购油漆 20 桶，原币单价为 55 元，增值税税率为 13%，发票未开，油漆验收入库。1 月 16 日，仓库反映有两桶油漆有质量问题，要求退回给供应商。2023 年 1 月 22 日收到优网公司开具的采购专用发票一张（发票号码：8980），进行采购结算并以转账支票支付油漆的货税款。

（2）2023 年 1 月 16 日，向育兴公司采购钢材 20 吨，原币单价为 490 元，增值税税率为 13%（采购专用发票号码：2302）。1 月 17 日，发现从育兴公司采购的钢材有质量问题，全部退回，同时收到票号为 5218 的红字采购专用发票一张，对采购和退货业务进行结算处理。

【工作准备】

由于材料质量不合格、企业转产等原因，企业可能发生退货业务，针对退货业务发生的时间不同，系统提供了不同的解决方法。

1. 货收到未完成入库手续

如果货收到却尚未录入采购入库单，此时只要把货退还给供应商即可，系统中不用做任何处理。

2. 入库单的处理

根据采购入库单是否记账，采购入库单的处理分为以下两种情况。

（1）采购入库单未记账。

采购入库单未记账，即已经录入采购入库单，但尚未记入存货明细账。该情况又可分为以下 3 种。

① 未录入采购发票。如果是全部退货，可删除采购入库单；如果是部分退货，可直接修改采购入库单。

② 已录入采购发票但未结算。如果是全部退货，可删除采购入库单和采购发票；如果是部分退货，可直接修改采购入库单和采购发票。

③ 已经录入采购发票并执行了采购结算。若采购结算后的发票没有付款，此时可取消采购结算，再删除或修改采购入库单和采购发票；若结算后的发票已付款，则必须录入退货单。

（2）采购入库单已记账。

此时无论是否录入采购发票，采购发票是否结算，结算后的采购发票是否付款，都需要录入退货单。

3. 采购发票的处理

根据采购发票是否付款，采购发票的处理分为以下两种情况。

（1）采购发票未付款。当采购入库单尚未记账时，直接删除采购入库单和采购发票，已结算的采购发票需先取消结算再删除；当采购入库单已经记账时，必须录入退货单。

（2）采购发票已付款。此时无论采购入库单是否记账，都必须录入退货单。

【任务处理】

1. 采购结算前退货业务处理（第一笔经济业务）

（1）在采购管理系统中生成采购入库单。

以李明的身份，在业务发生日期 2023 年 1 月 15 日进入采购管理系统，依次填制采购订单（见图 4-64）、到货单（见图 4-65）、到货单生单（见图 4-66）、采购入库单（见图 4-67）。

操作视频

采购退货业务处理

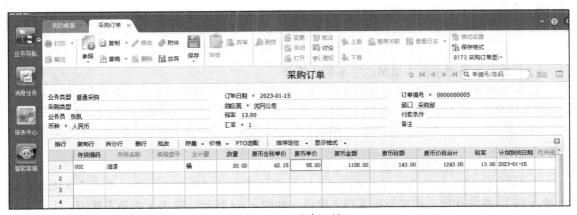

图 4-64　采购订单

图 4-65　到货单

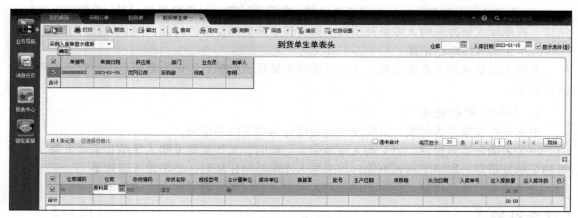

图 4-66　到货单生单

图 4-67　生成采购入库单

（2）在库存管理系统中填制红字采购入库单。

以李明的身份，在业务发生日期 2023 年 1 月 16 日进入库存管理系统。单击【采购入库】→【采购入库单】，进入【采购入库单】窗口。单击【增加】按钮，选择窗口右上角的"红字"选项，输入数量"-2"、本币单价"55"，单击【保存】按钮，再单击【审核】按钮，结果如图 4-68 所示。

（3）在采购管理系统中根据采购入库单生成采购专用发票。

以李明的身份，在业务发生日期 2023 年 1 月 16 日进入采购管理系统。单击【入库单批量生成发票】，选择优网公司的两张采购入库单，如图 4-69 所示。单击【生单】按钮，生成采购专用发票，再单击【复核】按钮，结果如图 4-70 所示。

图 4-68　填制红字采购入库单

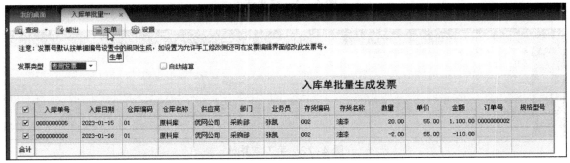

图 4-69　选择采购入库单

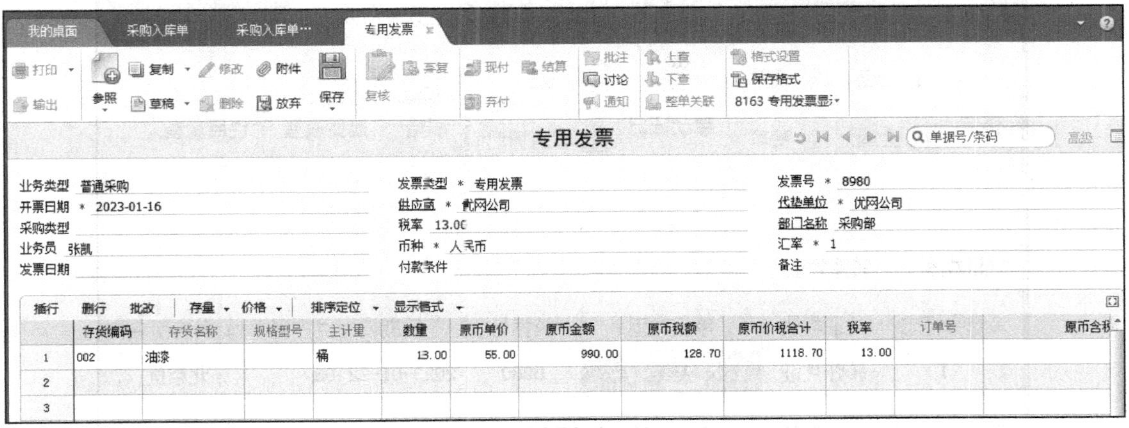

图 4-70　生成采购专用发票

（4）在采购管理系统中处理采购结算。

以李明的身份，在业务发生日期 2023 年 1 月 22 日进入应付款管理系统。单击【采购发票查询】，选中优网公司的采购发票，单击【审核】按钮。进入采购管理系统，单击【手工结算】，选中优网公司的两张采购专用发票、两张采购入库单，如图 4-71 所示。单击【确定】按钮，生成手工结算单（见图 4-72），系统提示"完成结算！"。在应付款管理系统进入【生成凭证】窗口（见图 4-73），将凭证类别修改为"转账凭证"，生成转账凭证（见图 4-74）。填制付款单（见图 4-75），依次单击【审核】和【生单】按钮，生成付款凭证，如图 4-76 所示。

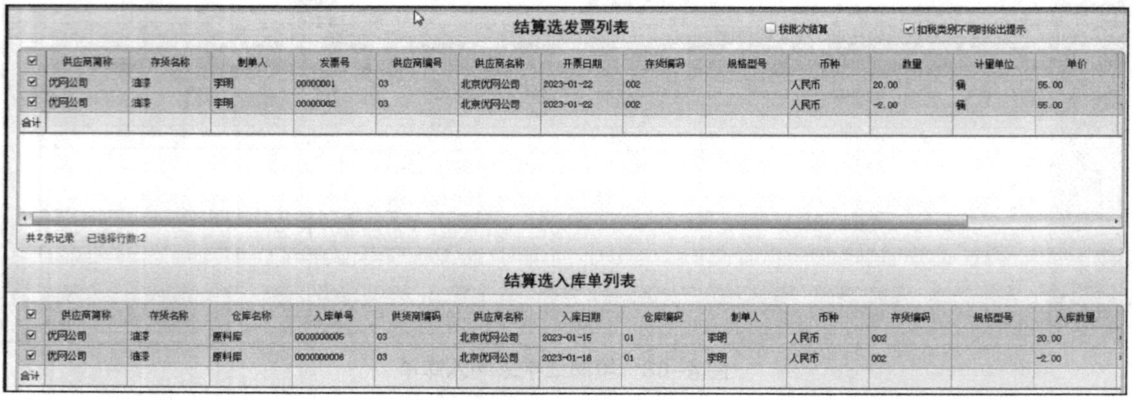

图 4-71 结算选单

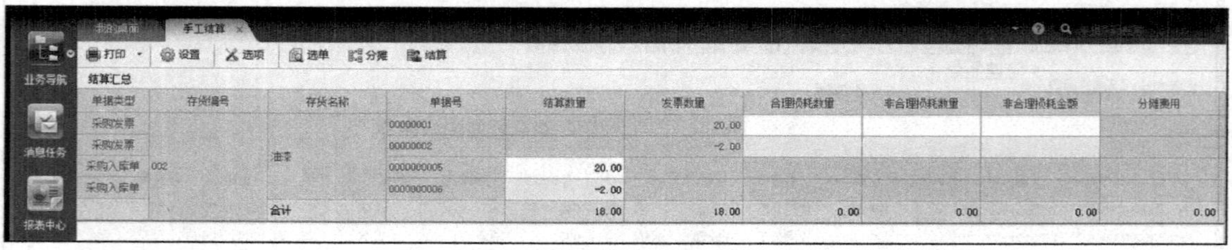

图 4-72 手工结算单

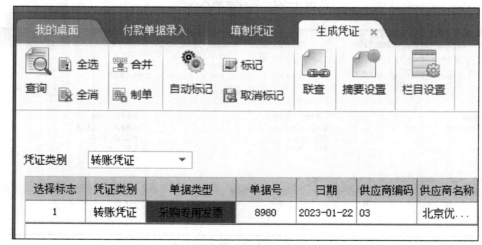

图 4-73 【生成凭证】窗口

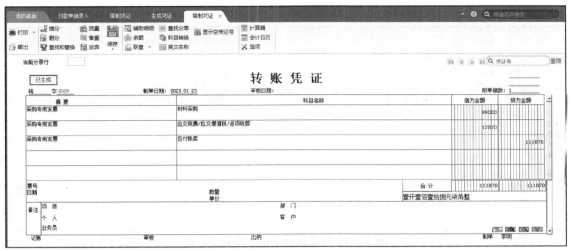

图 4-74　生成转账凭证

图 4-75　填制付款单

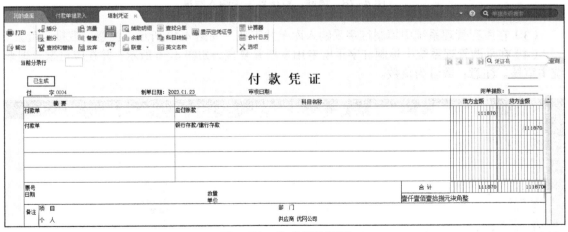

图 4-76　生成付款凭证

2. 采购结算后退货业务处理（第二笔经济业务）

（1）在采购管理系统中录入采购专用发票并复核，并在应付款管理系统中审核，步骤如第一笔经济业务，复核完成后的采购专用发票如图 4-77 所示。

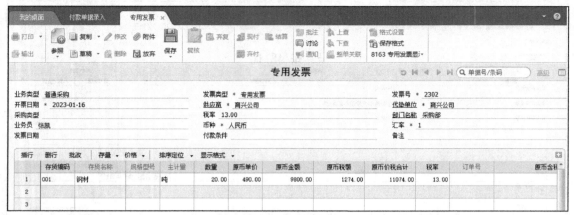

图 4-77　复核完成后的采购专用发票

（2）在库存管理系统中填制蓝字采购入库单并审核，结果如图 4-78 所示。

图 4-78　填制、审核蓝字采购入库单

（3）在库存管理系统中填制红字采购入库单并审核，如图 4-79 所示。注意：数量为负数。

（4）在采购管理系统中填制红字采购专用发票并复核，如图 4-80 所示，并在应付款管理系统中审核。注意：数量为负数。

图 4-79　填制、审核红字采购入库单

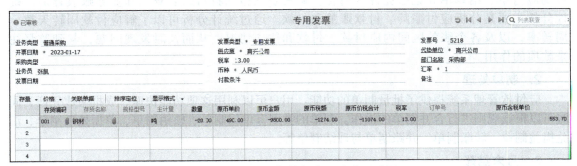

图 4-80　填制、复核红字采购专用发票

（5）执行采购结算。

在采购管理系统中执行采购结算，单击【选单】按钮，选中育兴公司的蓝字采购专用发票、蓝字采购入库单，以及红字采购专用发票、红字采购入库单，然后依次单击【确定】和【结算】按钮，生成手工结算单，如图 4-81 所示。

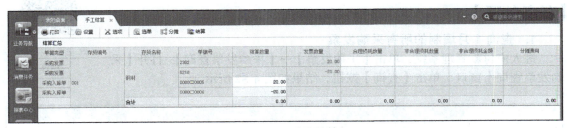

图 4-81　采购结算

【课堂研讨】

采购退货业务中开具的红字发票代表什么？数量和金额按照什么来确定？

任务 4.5　账表查询和月末结账

【任务书】

（1）查询 1 月填制的采购发票。

（2）查询 1 月的收付款单。

（3）应付账龄分析。

（4）查询业务总账。

（5）查询科目明细账。

（6）制单。

（7）月末结账。

【工作准备】

1. 数据的查询和分析

应付款管理系统的数据查询和分析操作有单据查询、账表查询和统计分析。单据查询是查询应付单、结算单和记账凭证等内容。账表查询包括科目账表查询和业务账表查询。统计分析主要是分析应付账龄、付款账龄和欠款。通过统计分析可以了解应付款周转天数、周转率，以及各个账龄区间内应付款、付款和往来情况，从而及时发现问题，起到监督往来款项的作用。

2. 制单处理

应付款管理系统提供了批量制单的功能。用户可以利用这项功能快速、成批生成凭证，同时可以根据规则进行合并制单的操作。制单的类型有单据制单、核销制单、单据处理制单、汇兑损益制单、转账制单、并账制单与现结制单等。

3. 月末结账

当月业务全部处理完之后，应进行月末结账。只有在月末结账之后，才可以开始下一个月的工作。在进行月末结账处理时，一次只可以选择一个月进行结账，若前一个月没有进行结账，那么本月不可以结账。当进行了月末结账处理之后，该月不可以进行任何的处理。如果结账之后发现有错误，那么在总账系统结账之前可以取消结账。

操作视频

账表查询和月末结账

【任务处理】

1. 查询 1 月填制的所有采购发票

进入应付款管理系统，单击【采购发票】→【采购发票查询】，打开【采购发票查询】窗口，单击【查询】按钮，结果如图 4-82 所示。

图 4-82　采购发票查询

2. 查询 1 月所有的收付款单

进入应付款管理系统，单击【付款处理】→【收付款单查询】，打开【收付款单查询】窗口，单击【查询】按钮，结果如图 4-83 所示。

3. 应付账龄分析

进入应付款管理系统，单击【付款处理】→【付款账龄分析】，打开【付款账龄分析】对话框（见图 4-84），单击【确定】按钮，进入【付款账龄分析】窗口，付款账龄分析结果如图 4-85 所示。

图 4-83　收付款单查询

付款账龄分析

分析对象	供应商	=		
	□ 范围			

明细对象	供应商
币种	所有币种
时间范围	2023-01-01
	2023-01-31
截止日期	2023-01-31

付款条件　⦿ 单据　　○ 供应商

序号	账龄天数	账龄区间
01	30	1-30
02	60	31-60
03	90	61-90
04	120	91-120
05	0	121以上

⦿ 账龄　　○ 月份　　○ 单据

○ 分析核销日期　　○ 分析截止日期　　⦿ 分析单据日期

设置逾期账龄区间　　确定　　取消

图 4-84　【付款账龄分析】对话框

4. 查询业务总账

进入应付款管理系统，单击【账表管理】→【业务账表】→【业务总账】，路径如图 4-86 所示。打开【应付总账表】窗口，单击【过滤】按钮，结果如图 4-87 所示。

图 4-85　付款账龄分析

图 4-86　在应付款管理系统下单击【账表管理】→【业务账表】→【业务总账】

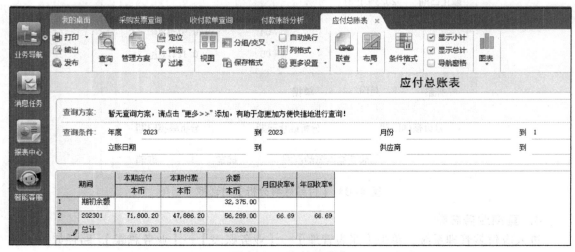

图 4-87　应付总账表

5. 查询科目明细账

进入应付款管理系统，单击【账表管理】→【科目账查询】→【科目明细账】，打开【科目明细账】窗口，如图 4-88 所示。

年	月	日	凭证号	科目编号	科目名称	供应商编号	供应商名称	摘要	借方本币	贷方本币	方向	余额本币
2023	01	23	转-0006	1123	预付账款	01	商兴公司	预付冲应付	-8,136.00		贷	8,136.00
2023	01			1123	预付账款	01	商兴公司	本月合计	-8,136.00		贷	8,136.00
2023	01			1123	预付账款	01	商兴公司	本年累计	-8,136.00		贷	8,136.00
				1123	预付账款			合　计	-8,136.00		贷	8,136.00
				1123	预付账款			累　计	-8,136.00		借	8,136.00
2023	01	20	付-0001	2201	应付票据	02	宏林公司	票据结算	27,967.50		借	27,967.50
2023	01	20	转-0004	2201	应付票据	02	宏林公司	付款单		27,967.50	平	
2023	01			2201	应付票据	02	宏林公司	本月合计	27,967.50	27,967.50	平	
2023	01			2201	应付票据	02	宏林公司	本年累计	27,967.50	27,967.50	平	
2023	01	21	付-0002	2201	应付票据	03	优网公司	票据结算	11,300.00		借	11,300.00
2023	01	21	转-0005	2201	应付票据	03	优网公司	付款单		11,300.00	平	
2023	01			2201	应付票据	03	优网公司	本月合计	11,300.00	11,300.00	平	
2023	01			2201	应付票据	03	优网公司	本年累计	11,300.00	11,300.00	平	
				2201	应付票据			合　计	39,267.50	39,267.50	平	
				2201	应付票据			累　计	39,267.50	39,267.50	平	
2023	01	19	转-0001	2202	应付账款	01	商兴公司	采购专用发票		6,328.00	贷	6,328.00
2023	01	19	转-0002	2202	应付账款	01	商兴公司	采购专用发票		8,136.00	贷	14,464.00
2023	01	23	付-0003	2202	应付账款	01	商兴公司	付款单	7,500.00		贷	6,964.00
2023	01	23	转-0006	2202	应付账款	01	商兴公司	采购专用发票	8,136.00		贷	1,172.00
2023	01	23	转-0007	2202	应付账款	01	商兴公司	并账		-18,645.00	借	19,817.00
2023	01			2202	应付账款	01	商兴公司	本月合计	15,636.00	-4,181.00	借	19,817.00
2023	01			2202	应付账款	01	商兴公司	本年累计	15,636.00	-4,181.00	借	19,817.00
2023	01	19	转-0003	2202	应付账款	02	宏林公司	采购专用发票		27,967.50	贷	27,967.50
2023	01	20	转-0004	2202	应付账款		宏林公司	付款单	27,967.50		平	

图 4-88　科目明细账

6. 制单

进入应付款管理系统，单击【凭证处理】→【生成凭证】，打开【制单查询】对话框，勾选左侧相关复选框（见图 4-89），单击【确定】按钮。在【生成凭证】窗口，凭证类别选择"转账凭证"，单击【制单】按钮，如图 4-90 所示。生成转账凭证，单击【保存】按钮，结果如图 4-91 和图 4-92 所示。

图 4-39　制单查询过滤

图 4-90　制单

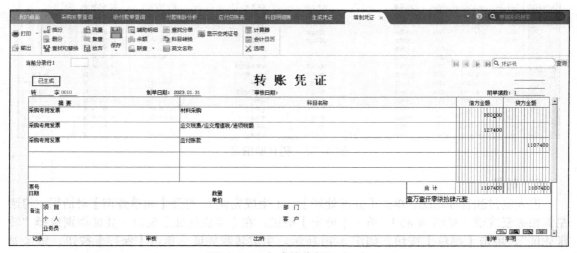

图 4-91　生成转账凭证（1）

图 4-92　生成转账凭证（2）

7. 月末结账

进入应付款管理系统，单击【期末处理】→【月末结账】，打开【月末处理】对话框，如图 4-93 所示。双击一月的【结账标志】栏，单击【下一步】按钮，可查看处理情况，如图 4-94 所示。单击【完成】按钮，系统提示结账成功，单击【确定】按钮。

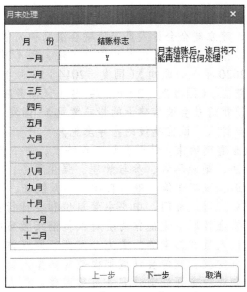

图 4-93　【月末处理】对话框

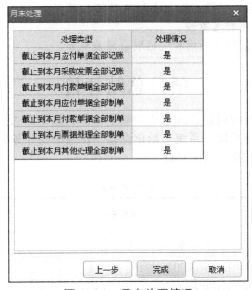

图 4-94　月末处理情况

【课堂研讨】

采购与应付款管理系统同其他管理系统的关系如何?

 学思小课堂

诚信教育

诚实信用原则是参与招标投标和政府采购活动的当事人最重要的行为准则之一。《中华人民共和国招标投标法》第五条规定,招标投标活动应当遵循公开、公平、公正和诚实信用的原则。《中华人民共和国政府采购法》第三条也规定,政府采购应遵循公开透明原则、公平竞争原则、公正原则和诚实信用原则。

为加强会计诚信建设，建立健全会计人员守信联合激励和失信联合惩戒机制，推动会计行业进一步提高诚信水平，根据《中华人民共和国会计法》和《国务院关于印发社会信用体系建设规划纲要（2014—2020年）的通知》（国发〔2014〕21号）、《国务院办公厅关于加强个人诚信体系建设的指导意见》（国办发〔2016〕98号）、《国务院关于建立完善守信联合激励和失信联合惩戒制度加快推进社会诚信建设的指导意见》（国发〔2016〕33号）等精神，财政部出台了《关于加强会计人员诚信建设的指导意见》。

一是要求强化会计职业道德约束。针对会计工作特点，进一步完善会计职业道德规范，引导会计人员自觉遵纪守法、勤勉尽责、参与管理、强化服务，不断提高专业胜任能力；督促会计人员坚持客观公正、诚实守信、廉洁自律、不做假账，不断提高职业操守。

二是加强会计诚信教育。财政部门、中央主管单位和会计行业组织要采取多种形式，广泛开展会计诚信教育，将会计职业道德作为会计人员继续教育的必修内容，大力弘扬会计诚信理念，不断提升会计人员诚信素养。要充分发挥新闻媒体对会计诚信建设的宣传教育、舆论监督等作用，大力发掘、宣传会计诚信模范等典型人物，深入剖析违反会计诚信的典型案例。引导财会类专业教育开设会计职业道德课程，努力提高会计后备人员的诚信意识。鼓励用人单位建立会计人员信用管理制度，将会计人员遵守会计职业道德情况作为考核评价、岗位聘用的重要依据，强化会计人员诚信责任。

三是加强会计人员信用档案建设。

四是健全会计人员守信联合激励和失信联合惩戒机制。

项目总结评价

本项目主要学习采购与应付款管理系统的基本知识和操作方法。工作流程可总结为六个步骤：启动采购与应付款管理系统—系统初始化设置—普通采购业务处理—采购暂估业务处理—采购退货业务处理—账表查询、月末结账。

学生自评表

评价项目	质量要求	评价等级（A/B/C/D）
完成任务时间	在规定时间内完成任务 4.1～任务 4.5	
任务完成质量	所有任务均按照要求完成，操作方法得当	
技能掌握情况	熟练掌握系统初始化设置、普通采购业务处理、采购暂估业务处理、采购退货业务处理、账表查询、月末结账等操作步骤及方法	
团队协作情况	有效合作、有效沟通、目标一致完成小组任务	
语言表达能力	汇报思路清晰，内容介绍完整，回答问题正确	

教师评价表

评价项目	质量要求	评价等级（A/B/C/D）
课前预习情况	通过自主学习（如查阅资料、观看视频）获得相关知识	
学习态度	积极主动学习获得相关知识，回答问题积极	

续表

评价项目	质量要求	评价等级（A/B/C/D）
沟通协作	有效合作、有效沟通、目标一致完成小组任务	
展示汇报	汇报思路清晰，内容介绍完整，操作熟练，回答问题正确	
操作规范	对信息综合分析处理恰当，按照工作流程完成任务操作	
技能掌握情况	熟练掌握系统初始化设置、普通采购业务处理、采购暂估业务处理、采购退货业务处理、账表查询、月末结账等操作步骤及方法	
职业道德	牢固树立诚信、守法的职业道德和求真务实、开拓进取的职业精神	

注：评价等级统一采用 A（优秀）/B（良好）/C（合格）/D（不合格）四档。

销售与应收款管理系统业务处理

项目概述

　　销售与应收款管理系统提供应收款管理系统初始化设置，以及录入应收单据、修改应收单据、删除应收单据、核销应收单据、票据管理、账表查询等功能。该系统的使用者主要为企业的销售人员、应收款管理人员以及相关财务人员，用于实现企业与客户之间业务往来账款的核算与管理。本项目主要指导学生在销售与应收款管理系统中，以销售发票、其他应收单等单据为依据，记录销售业务及其他业务所形成的往来款项，处理应收款项的收回、转账等业务，并结合系统提供的票据处理功能，实现对应收款的管理。

学习目标

1. 了解应收款的形成。
2. 能够处理应收款管理系统的收款和转账业务。
3. 能够进行应收票据的记录和管理。
4. 能够自动生成凭证并传递给总账系统。
5. 掌握应收款管理系统初始化设置的方法。
6. 掌握应收款管理系统普通销售业务处理的主要内容和操作方法。
7. 掌握应收款管理系统账表查询的方法。
8. 培养认真细致、德技兼修的职业素养。

业务处理流程

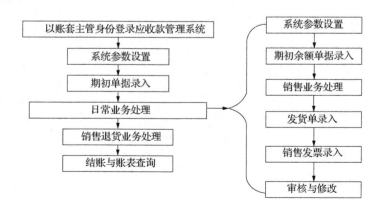

案例导入

　　蓝星公司是一家机械制造企业，随着近年来生产规模的不断扩大，企业的销售渠道多元化，由此也带来了关于应收账款的一些困扰，主要有以下几个方面。

　　（1）随着销售量的增多，拖欠销售款的现象日益明显，企业应如何对这些应收账款进行管理，尽快收回账款？

　　（2）随着应收账款的增多，有时购买方会以各种理由要求退货，这个时候应如何进行业务处理？

　　（3）ERP 系统能够精确地记录每笔应收账款，那么能否利用 ERP 系统进行欠款分析并准确查询每笔应收账款的详细情况？

　　本项目将为我们解决销售与应收款管理、退货处理等相关问题。

课前任务

　　1. 观看教学视频，熟悉应收账款的形成，销售与应收款管理系统的初始化及日常业务处理、账簿查询等操作。

　　2. 讨论分析销售与应收款管理系统会给企业带来哪些便捷。

学习任务

任务 5.1　普通销售业务处理

【任务书】

　　（1）应收款管理系统的参数设置。

　　应收款核对方式为"按单据"；单据核对日期的依据为"单据日期"；坏账处理方式为"应收余额百分比法"；代垫费用类型为"其他应收单"；应收款核算类型为"详细核算"；受控科目制单依据为"明细到客户"；非受控科目制单方式为"汇总方式"；启用客户权限，并且按信用方式根据单据提前 7 天自动报警。

　　（2）基本科目设置。

　　应收科目为"1122 应收账款"，预收科目为"2203 预收账款"，销售收入科目为"6001 主营业务收入"，应交增值税科目为"22210102 应交税费——应交增值税（销项税额）"，销售退回科目为"6001 主营业务收入"，银行承兑科目为"1121 应收票据"，商业承兑科目为"1121 应收票据"，现金折扣科目为"6603 财务费用"，票据利息科目为"6603 财务费用"，票据费用科目为"6603 财务费用"，收支费用科目为"6601 销售费用"。

　　（3）结算方式科目设置。

　　现金结算方式科目为"1001 库存现金"，现金支票结算方式科目为"100201 建行存款"，信汇结算方式科目为"100201 建行存款"，电汇结算方式科目为"100201 建行存款"。

　　（4）坏账准备设置。

　　坏账准备提取比率为"0.5%"，坏账准备期初余额为"0"，坏账准备科目为"1231 坏账准备"，坏账准备对方科目为"660206 管理费用——坏账准备"。

（5）账龄区间设置。

账期内账龄区间设置总天数为 10 天、30 天、60 天、90 天。

逾期账龄区间设置总天数为 30 天、60 天、90 天和 120 天。

（6）预警级别设置。

A 级时的总比率为 10%，B 级时的总比率为 20%，C 级时的总比率为 30%，D 级时的总比率为 40%，E 级时的总比率为 50%，总比率在 50% 以上的为 F 级。

（7）设置单据编号。

将单据编号设置为"手工改动，重号时自动重取"。

（8）本单位开户银行设置。

本单位开户银行为建行北京支行花园路办事处，银行账号为 001-12345678。

（9）录入期初余额。期初余额情况如表 5-1 所示。存货适用的增值税税率均为 13%。

表 5-1　　　　　　　　　　　　　　期初余额情况

单据名称	方向	开票日期	票号	客户名称	销售部门	科目编码	货物名称	数量/台	无税单价/元	价税合计/元
销售专用发票	正	2022-11-12	78988	怀兴公司（01）	销售一科	1122	甲产品（004）	3	1 000	3 390
销售专用发票	正	2022-11-18	78989	鼎繁公司（04）	销售一科	1122	甲产品（004）	3	1 000	3 390
销售专用发票	正	2022-11-22	78990	春日公司（02）	销售一科	1121	乙产品（005）	2	250	565
其他应收单	正	2022-11-22	0061	鼎繁公司（04）	销售一科	1122	运费			250
预收款单（银行汇票）	正	2022-11-26	112	晓辉公司（06）	销售二科	2203				15 000

（10）普通销售业务处理。

① 2023 年 1 月 15 日，向怀兴公司销售甲产品 2 台，无税单价为 950 元，增值税税率为 13%（销售专用发票号码：5678900）。

② 2023 年 1 月 15 日，向晓辉公司销售甲产品 5 台，无税单价为 990 元，增值税税率为 13%（销售专用发票号码：5678988）。

③ 2023 年 1 月 16 日，向立洋公司销售乙产品 2 台，无税单价为 255 元，增值税税率为 13%（销售专用发票号码：5678901）。以转账支票代垫运费 60 元。

④ 2023 年 1 月 16 日，向怀兴公司销售乙产品 1 台，无税单价为 260 元，增值税税率为 13%（销售专用发票号码：5678902）。以现金代垫运费 60 元。

⑤ 2023 年 1 月 18 日，发现 2023 年 1 月 16 日所填制的向立洋公司销售乙产品的"5678901"号销售专用发票中的无税单价应为 256 元。

⑥ 2023 年 1 月 18 日，发现 2023 年 1 月 15 日向怀兴公司销售甲产品 2 台，无税单价为 950 元，增值税税率为 13% 的"5678900"号销售专用发票填制错误，应删除。

⑦ 2023 年 1 月 22 日，收到立洋公司以信汇方式支付购买乙产品 2 台的货税款及代垫运费 659.04 元。

⑧ 2023 年 1 月 22 日，收到怀兴公司交来的转账支票一张，支付购买乙产品 1 台的货税款

及代垫费用 334.20 元。

⑨ 2023 年 1 月 23 日，发现 2023 年 1 月 22 日所填制的立洋公司收款单有误，即收到立洋公司购买乙产品 2 台的货税款及代垫运费 659.04 元应为 750 元。

⑩ 2023 年 1 月 23 日，发现 2023 年 1 月 22 日所填制的怀兴公司收款单有误，即货税款及代垫费用 334.20 元有错误，需删除该张收款单。

【工作准备】

1. 系统初始设置

先启动销售与应收款管理系统，之后进行销售与应收款管理系统初始设置。在进行应收业务处理之前，需要根据核算的要求和实际业务进行相关设置，从而使系统依据所设定的选项进行业务处理，主要有账套参数设置、初始设置、基础信息设置。

销售与应收款管理系统初始设置的主要作用是搭建客户的资料和设置公共码表。公共码表除了可以方便输入外，还可以作为数据统计的分类依据。

账套参数的设置包括应收账款的核销方式、控制科目依据、产品销售科目的依据等。应收款管理系统的初始设置包括基本科目、控制科目、结算方式科目、坏账准备信息以及账龄区间的设置。

2. 基本科目设置

设置应收科目为"1122 应收账款"、预收科目为"2203 预收账款"以及银行承兑科目为"1121 应收票据"等，在总账系统中将辅助核算内容设置为"客户往来"，若不设置将无法在应收款管理系统中使用这些科目。

3. 录入期初余额

销售业务的初始数据录入包括两方面，分别是期初发货单和委托代销发货单（在日常委托代销发货业务开始之前发生并且未完全结算的发货单）的录入。

应收款期初余额的录入是指在企业中已经形成但是还未结算的应收款项的录入，也就是录入还未结算的销售发票、代垫运费单据、预收款单据等应收、预收单据。在初次使用应收款管理系统时，这是必须要做的工作。

4. 销售业务处理

销售业务处理主要是指销售订单、销售发票的录入，以及存货结算和退货处理。用户可以先录入销售订单，也可以先录入销售发票或者收款单。为了用户使用方便，销售订单、销售发票以及收款单可以相互生成。

销售订单中涵盖了销售业务的全部基本数据。这些数据包括订单号、订单日期、客户名称、销售部门、业务员、存货名称、付款条件、数量、计量单位、单价等信息。录入销售订单后要进行确认，只有经过确认的销售订单才可以由系统生成销售发票。

5. 发货单录入

发货单根据普通销售发货业务填制。发货单是销售部门根据销售订单生成的，发货单经过审核之后自动生成销售出库单，销售出库单经过审核之后就可以进行制单操作。

6. 销售发票录入

销售发票是由供货单位向客户开具的单据，包括增值税专用发票、增值税普通发票和所附清单等原始销售单据。销售发票上的信息包括产品说明、客户名称、地址、存货名称、单价、总价、数量、税额等信息。销售发票可以直接填制，也可以通过复制销售订单及发货单生成。

7. 审核与修改

在应收款管理系统中，已经审核过的单据不可以修改或者删除，已经生成的凭证或者已核销的单据在单据界面不再显示。已经审核过的单据在进行其他处理之前，需要先取消审核。在修改销售发票之后必须对其进行保存，保存之后的销售发票在审核后才可以制单。

【任务处理】

1. 设置系统参数

（1）进入企业应用平台，单击【业务导航】→【财务会计】→【应收款管理】→【设置】→【选项】，打开【账套参数设置】对话框。单击【编辑】按钮，坏账处理方式选择"应收余额百分比法"，如图 5-1 所示。

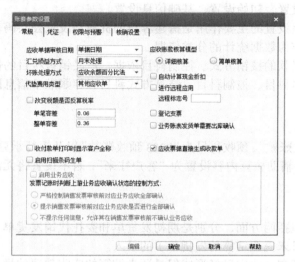

操作视频

普通销售业务处理
（1）

图 5-1　选择坏账处理方式

（2）在【权限与预警】选项卡中，勾选【控制操作员权限】复选框，选中【信用方式】单选按钮，在【提前天数】栏输入"7"，单击【确定】按钮，如图 5-2 所示。

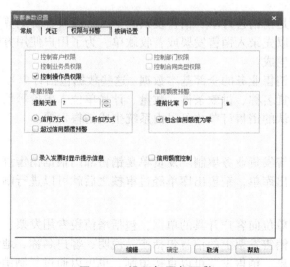

图 5-2　设置权限与预警

2. 设置基本科目

进入应收款管理系统，单击【设置】→【科目设置】→【基本科目】，进入【应收基本科目】窗口设置界面。单击【增行】按钮，根据任务书中信息逐行增加各项基本科目，结果如图 5-3 所示。

基本科目种类	科目	币种
应收科目	1122	人民币
预收科目	2203	人民币
销售收入科目	6001	人民币
税金科目	22210102	人民币
销售退回科目	6001	人民币
银行承兑科目	1121	人民币
商业承兑科目	1121	人民币
现金折扣科目	6603	人民币
票据利息科目	6603	人民币
票据费用科目	6603	人民币
收支费用科目	6601	人民币

图 5-3　基本科目设置

3. 设置结算方式科目

进入应收款管理系统，单击【设置】→【科目设置】→【结算科目】，进入【应收结算科目】窗口。单击【增行】按钮，结算方式选择"现金结算"，币种选择"人民币"，在【科目】栏选择"1001"，按【Enter】键。以此方式录入其他结算方式科目，结果如图 5-4 所示。

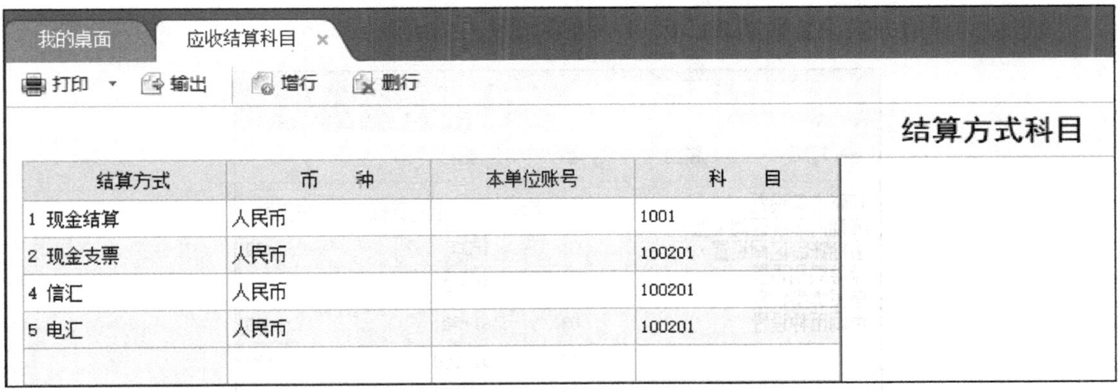

				结算方式科目
结算方式	币　种	本单位账号	科　目	
1 现金结算	人民币		1001	
2 现金支票	人民币		100201	
4 信汇	人民币		100201	
5 电汇	人民币		100201	

图 5-4　结算方式科目设置

4. 设置坏账准备

进入应收款管理系统，单击【设置】→【初始设置】→【坏账准备设置】，录入提取比率"0.5"，坏账准备期初余额"0"，坏账准备科目"1231"，对方科目"660206"，单击【确定】按钮，如图 5-5 所示。系统提示"存储完毕"，单击【确定】按钮。

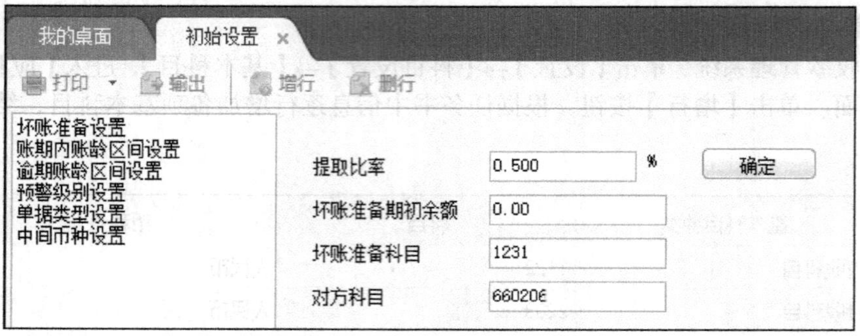

图 5-5　坏账准备设置

5. 设置账龄区间

（1）进入应收款管理系统，单击【设置】→【初始设置】，进入【初始设置】窗口。单击左侧的【账期内账龄区间设置】，在第一行的【总天数】栏录入"10"，按【Enter】键；在第二行的【总天数】栏录入"30"，按【Enter】键。以此方法录入其他总天数，结果如图 5-6 所示。

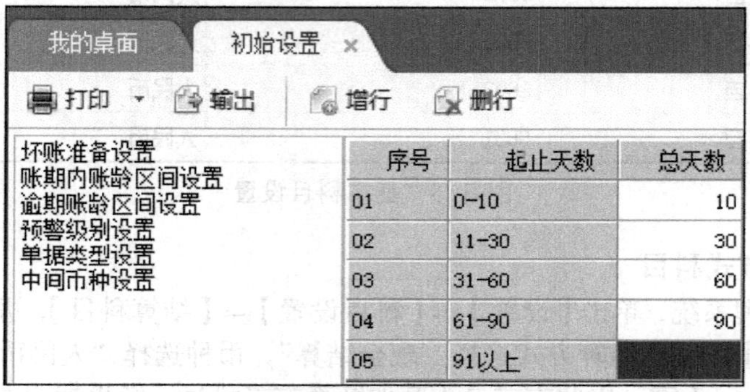

序号	起止天数	总天数
01	0-10	10
02	11-30	30
03	31-60	60
04	61-90	90
05	91以上	

图 5-6　账期内账龄区间设置

（2）以同样的方法设置逾期账龄区间，结果如图 5-7 所示。

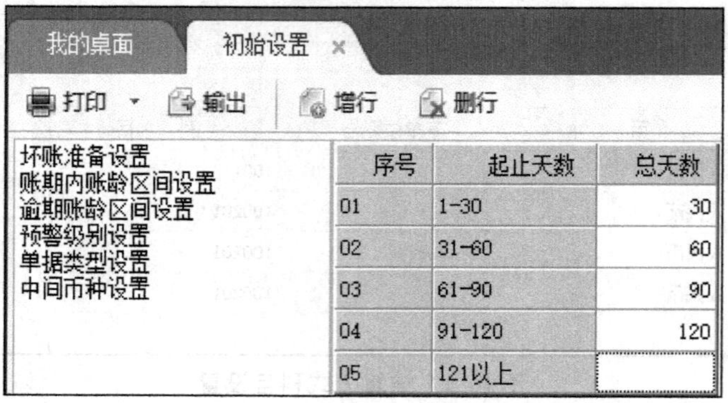

序号	起止天数	总天数
01	1-30	30
02	31-60	60
03	61-90	90
04	91-120	120
05	121以上	

图 5-7　逾期账龄区间设置

6. 设置预警级别

进入应收款管理系统，单击【设置】→【初始设置】，进入【初始设置】窗口。单击左侧的【预警级别设置】，在第一行的【总比率】栏录入"10"，在【级别名称】栏录入"A"，按【Enter】键。以此方法录入其他总比率和级别名称，结果如图 5-8 所示。

图 5-8　预警级别设置

7. 设置单据编号

（1）进入企业应用平台，单击【业务导航】→【基础设置】→【单据设置】→【单据编号设置】，进入【单据编号设置】对话框。单击左侧的【单据类型】→【销售管理】→【销售专用发票】，打开【单据编号设置-[销售专用发票]】对话框。

（2）单击【修改】按钮，勾选【手工改动，重号时自动重取】复选框，如图 5-9 所示。依次单击【保存】和【退出】按钮退出。

图 5-9　单据编号设置

（3）同理，设置其他应收单、收款单的编号允许手工修改。

8. 设置开户银行

（1）进入企业应用平台，单击【业务导航】→【基础设置】→【基础档案】→【收付结算】→【本单位开户银行】，进入【本单位开户银行】窗口。单击【增加】按钮，打开【增加本单位开户银行】窗口。

（2）在【编码】栏录入"1"，在【银行账号】栏录入"001-12345678"，在【币种】栏选择"人民币"，在【开户银行】栏录入"建行北京支行花园路办事处"，在【所属银行编码】栏选择"中国建设银行"，如图 5-10 所示。依次单击【保存】和【退出】按钮退出。

图 5-10　设置开户银行

9. 录入期初销售专用发票

（1）进入应收款管理系统，单击【期初余额】，进入【期初余额-查询】对话框，如图 5-11 所示。单击【确定】按钮，进入【期初余额】窗口。单击【增加】按钮，打开【单据类别】对话框，单据名称选择"销售发票"，单据类型选择"销售专用发票"，方向选择"正向"，如图 5-12 所示。单击【确定】按钮，进入【期初销售发票】窗口。

图 5-11　【期初余额-查询】对话框　　　　图 5-12　选择单据类别

（2）修改开票日期为"2022-11-12"，录入发票号"78988"，在【客户名称】栏选择"怀兴公司"，在【税率】栏录入"13"，在【科目】栏录入"1122"。在【货物编号】栏录入"004"，在【数量】栏录入"3"，在【无税单价】栏录入"1000"。销售专用发票录入完成界面如图 5-13 所示。以同样的方法，录入表 5-1 所示的鼎繁公司和春日公司的期初销售专用发票信息。

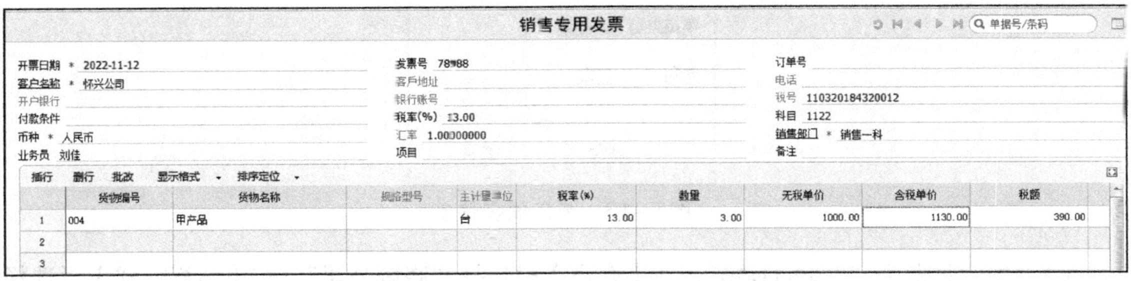

图 5-13　销售专用发票录入完成界面

10. 录入期初其他应收单

（1）进入应收款管理系统，单击【期初余额】，进入【期初余额-查询】对话框。单击【确定】按钮，打开【期初余额】窗口。单击【增加】按钮，打开【单据类别】对话框，单据名称选择"应收单"，单据类型选择"其他应收单"，方向选择"正向"，如图 5-14 所示。单击【确定】按钮，打开【期初单据录入】窗口。

图 5-14　选择应收单

（2）修改单据日期为"2022-11-22"，在【客户】栏选择"鼎繁公司"，在【本币金额】栏录入"250"，在【摘要】栏录入"运费"，单击【保存】按钮，如图 5-15 所示。

图 5-15　录入其他应收单

11. 录入预收款单

（1）按照前面同样的方法进入【期初余额】窗口，单击【增加】按钮，打开【单据类别】对话框。单据名称选择"预收款"，单据类型选择"收款单"，方向选择"正向"，如图 5-16 所示。单击【确定】按钮，打开【期初单据录入】窗口。

图 5-16　选择预收款单

（2）修改日期为"2022-11-26"，在【客户】栏选择"晓辉公司"，在【结算方式】栏选择"银行汇票"，在【金额】栏录入"15 000"，在【摘要】栏录入"预收货款"。在收款单下半部分中的【科目】栏录入"2203"，单击【保存】按钮，如图 5-17 所示。

	款项类型	客户	部门	业务员	金额	本币金额	科目	项目	本币余额	余额
1	预收款	晓辉公司	销售二科	肖峰	15000.00	15000.00	2203		15000.00	15000.00
2										
3										

图 5-17　录入期初预收款单

12. 应收款管理系统与总账系统对账

进入应收款管理系统，单击【对账】→【与总账对账】，进入【与总账对账】窗口，可查看本月应收系统与总账系统的对账信息，如图 5-18 所示。

编号	客户 名称	币种	应收系统 期初本币	借方本币	贷方本币	期末本币	总账系统 期初本币	借方本币	贷方本币	期末本币
01	青岛怀兴公司	人民币	3,390.00			3,390.00	3,390.00			3,390.00
02	青岛春日公司	人民币	565.00			565.00	565.00			565.00
04	重庆鼎繁公司	人民币	3,640.00			3,640.00	3,640.00			3,640.00
06	武汉晓辉公司	人民币	-15,000.00			-15,000.00	-15,000.00			-15,000.00
	合计		-7,405.00			-7,405.00	-7,405.00			-7,405.00

图 5-18　与总账对账结果

13. 录入普通销售业务的销售专用发票

进入应收款管理系统，单击【销售发票】→【销售专用发票录入】，进入【销售发票】窗口，如图 5-19 所示。单击【增加】按钮，录入第一笔业务的销售专用发票，修改开票日期为"2023-01-15"，录入发票号"5678900"，在【客户简称】栏选择"怀兴公司"，在【存货编码】栏录入"004"，在【数量】栏录入"2"，在【无税单价】栏录入"950"，如图 5-20 所示。单击【保存】按钮，再单击【增加】按钮，继续录入第二笔业务的销售专用发票，录入完成界面如图 5-21 所示。继续录入第三笔业务的销售专用发票，录入完成界面如图 5-22 所示。

操作视频

普通销售业务处理（2）

图 5-19 【销售发票】窗口

图 5-20 录入第一笔业务的销售专用发票

图 5-21 录入第二笔业务的销售专用发票

图 5-22 录入第三笔业务的销售专用发票

14. 录入普通销售业务的应收单

进入应收款管理系统，单击【应收处理】→【应收单】→【应收单录入】，打开【应收单录入】窗口，如图5-23所示。单击【增加】按钮，修改单据日期为"2023-01-16"，在【客户】栏选择"立洋公司"，在【本币金额】栏录入"60"，在【摘要】栏录入"代垫运费"，在下半部分的【科目】栏录入"100201"，如图5-24所示。单击【保存】按钮，再单击【退出】按钮。录入第四笔业务的销售专用发票，录入完成界面如图5-25所示。录入第四笔业务的应收单，录入完成界面如图5-26所示。

图5-23 【应收单录入】窗口

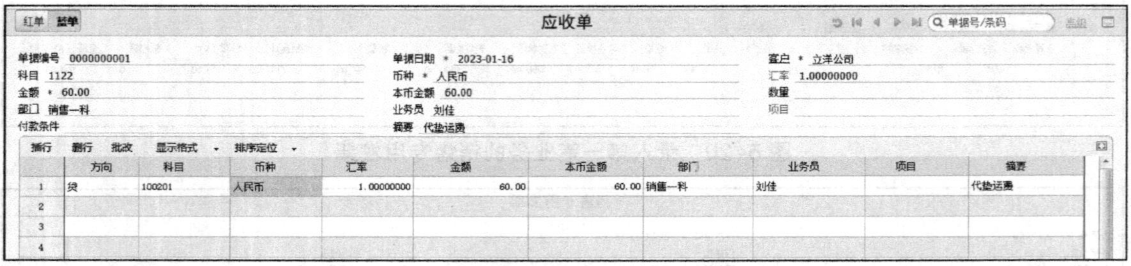

图5-24 录入第三笔业务的应收单

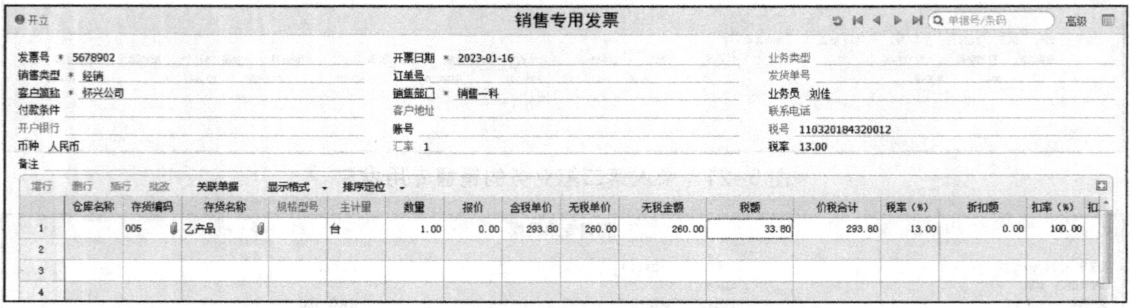

图5-25 录入第四笔业务的销售专用发票

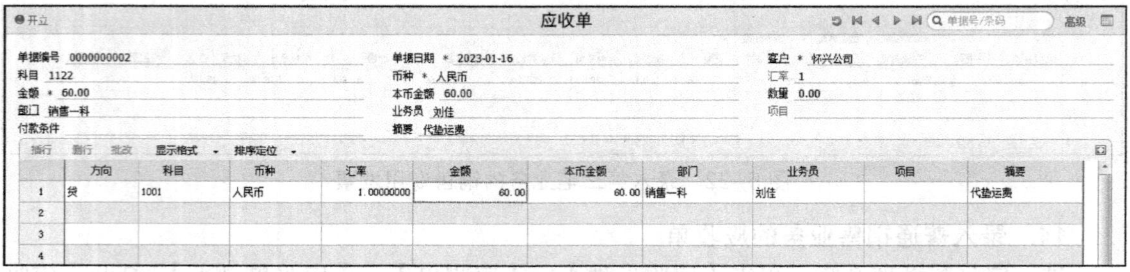

图5-26 录入第四笔业务的应收单

15. 修改销售专用发票

进入应收款管理系统，单击【应收处理】→【销售发票】→【销售发票审核】，打开【销售发票审核】窗口。单击【查询】按钮，输入要修改的单据编号"5678901"，单击【确定】按钮，找到"5678901"号销售专用发票。单击【修改】按钮，把无税单价改为"256"，如图 5-27 所示。依次单击【保存】和【退出】按钮退出。

图 5-27　修改后的销售专用发票

16. 删除销售专用发票

进入应收款管理系统，单击【应收处理】→【销售发票】→【销售发票审核】，打开【销售发票审核】窗口。单击【查询】按钮，输入要删除的发票编号"5678900"，单击【确定】按钮，找到"5678900"号销售专用发票。单击【删除】按钮，系统询问"单据删除后不能恢复，是否继续？"，如图 5-28 所示。单击【是】按钮。

图 5-28　删除应收款管理单据询问信息

17. 审核应收单据

进入应收款管理系统，单击【应收处理】→【销售发票】→【销售发票审核】，打开【销售发票审核】窗口。单击【查询】按钮，输入指定的查询日期范围，单击【确定】按钮，选中所有销售专用发票，如图 5-29 所示。单击【审核】按钮，系统提示"本次审核成功单据[3]张"，如图 5-30 所示。单击【确定】按钮。按照同样的操作步骤，审核应收单。

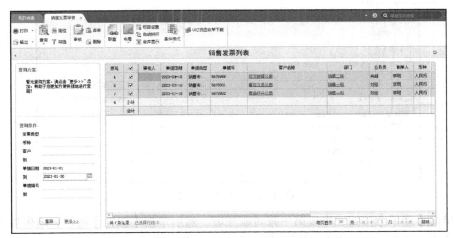

图 5-29　选中所有销售专用发票

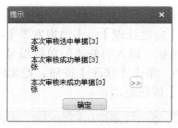

图 5-30　系统提示信息

18. 制单（发票与应收单）

（1）进入应收款管理系统，单击【凭证处理】→【生成凭证】，打开【制单查询】对话框，勾选【发票】与【应收单】复选框，如图 5-31 所示。

图 5-31　勾选【发票】与【应收单】复选框

（2）单击【确定】按钮，进入【生成凭证】窗口。单击【全选】按钮，凭证类别选择"转账凭证"，如图 5-32 所示。

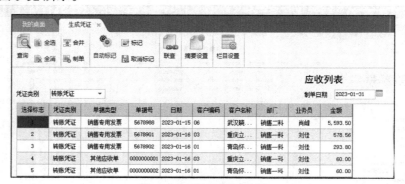

图 5-32　设置凭证类别

（3）单击【制单】按钮，生成第一张转账凭证，然后单击【保存】按钮，结果如图 5-33 所示。单击【下张】按钮 ▶，继续制单，然后单击【保存】按钮。

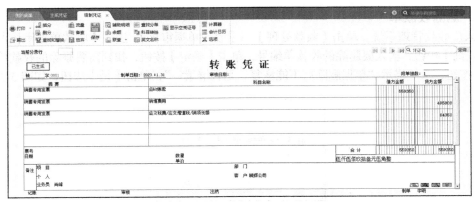

图 5-33　生成的第一张转账凭证

19. 录入收款单

进入应收款管理系统，单击【收款处理】→【收款单据录入】，打开【收款单据录入】窗口。单击【增加】按钮，修改日期为"2023-01-22"，在【客户】栏选择"立洋公司"，在【结算方式】栏选择"信汇"，在【金额】栏录入"659.04"，在【摘要】栏录入"收到货款及运费"，如图 5-34 所示。单击【保存】按钮，再单击【增加】按钮，继续录入第二张收款单。

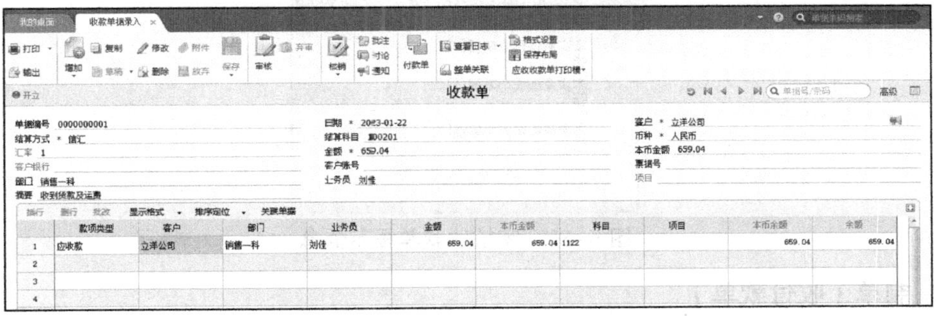

图 5-34　录入收款单

20. 修改收款单

进入应收款管理系统，单击【收款处理】→【收款单据审核】，进入【收款单据审核】窗口。单击【查询】按钮，修改查询单据日期范围，单击【确定】按钮，找到要修改的收款单。双击该收款单，在【收款单据录入】窗口单击【修改】按钮，将金额改为"750"，如图 5-35 所示，单击【保存】按钮。

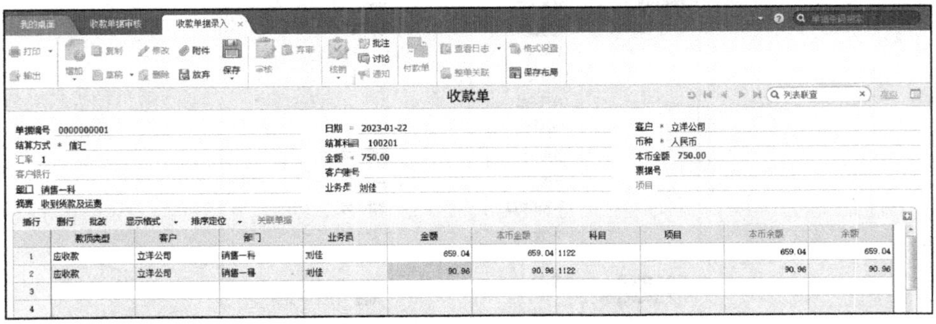

图 5-35　修改收款单

21. 删除收款单

进入应收款管理系统，单击【收款处理】→【收款单据审核】，进入【收款单据审核】窗口。单击【查询】按钮，输入要删除的收款单编号，单击【确定】按钮，找到需要删除的收款单。单击【删除】按钮，系统提示"单据删除后不能恢复，是否继续？"，单击【是】按钮，如图 5-36 所示。

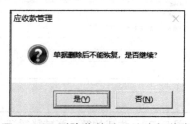

图 5-36　删除收款单系统询问信息

22. 审核收款单

进入应收款管理系统，单击【收款处理】→【收款单据审核】，进入【收款单据审核】窗口。依次单击【查询】、【确定】、【全选】和【审核】按钮，系统提示"本次审核成功单据[1]张"，单击【确定】按钮，如图 5-37 所示。

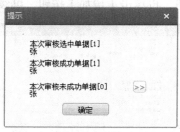

图 5-37　审核收款单提示信息

23. 制单（收付款单）

（1）进入应收款管理系统，单击【凭证处理】→【生成凭证】，打开【制单查询】对话框，勾选【收付款单】复选框，如图 5-38 所示。

图 5-38　勾选【收付款单】复选框

（2）单击【确定】按钮，进入【生成凭证】窗口，如图 5-39 所示，单击【全选】按钮。

图 5-39　【生成凭证】窗口

（3）单击【制单】按钮，生成记账凭证，如图 5-40 所示，然后单击【保存】按钮。

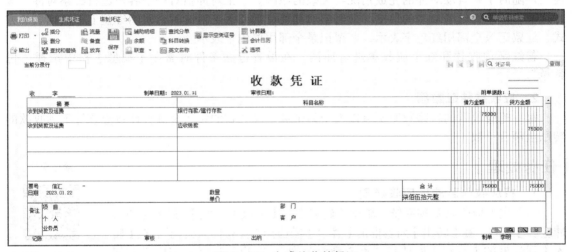

图 5-40　生成的收款凭证

【课堂研讨】

（1）应收款管理系统的主要功能有哪些？

（2）应收单据包括哪几种类型？分别用来记录什么？

任务 5.2　销售退货业务处理

【任务书】

（1）2023 年 1 月 31 日，由于产品质量问题，经三方同意将 1 月 16 日形成的应向青岛怀兴公司收取的货税款及代垫费用 353.8 元转为向鼎繁公司的应收账款。

（2）2023 年 1 月 31 日，经双方同意，将晓辉公司 2023 年 1 月 22 日购买甲产品 5 台的货税款 5593.5 元用预收款冲抵。

（3）2023 年 1 月 31 日，经双方同意，将期初余额中应向鼎繁公司收取的运费 250 元用红票冲抵。

【工作准备】

1. 转账处理情形

转账处理是指根据输入的业务数据生成记账凭证，从而进行有关的账务处理。由于销售与应收的会计核算科目同结算与交易的方式有对应关系，所以记账凭证的设置在结算方式与交易方式中通过设置对应科目来完成。记账凭证通常在业务处理时自动生成并且进行确认。账务系统集成运行时，所生成的记账凭证通常实时传递至账务系统。

当使用系统提供的转账处理功能时，转账处理的情形有以下几种：应收冲应收是指把对一家客户的应收款转到另一家客户中；预收冲应收用于处理客户的预收款与此客户应收款之间的核算业务；应收冲应付是指用对某客户的应收款，冲抵某供应商的应付款项；红票对冲是指把客户的红字应收单据和蓝字应收单据、收款单、付款单进行冲抵的操作。

对冲的处理方式主要分为自动对冲与手工对冲。自动对冲指可以同时对多个客户根据规则进行红票对冲，使红票对冲的效率有所提高。自动对冲提供进度条，同时提供自动对冲报告，使用户随时了解自动对冲的完成情况与失败的原因。手工对冲指对一个客户进行红票对冲，该方式下可以选择红票对冲的单据，使红票对冲更灵活。手工对冲时，采用红蓝上下两列表的方式，红票记录全部用红色字表示，蓝票记录全部用黑色字表示。

若红字预收款和红字应收单进行冲销，在设置过滤条件时需在【类型】栏中选择"付款单"。

2. 应收款转账数额

每一笔应收款的转账数额不可以大于其余额。应收款的转账金额合计数应该等于预收款的转账金额合计数。

【任务处理】

1. 将应收账款冲抵应收账款

（1）进入应收款管理系统，单击【转账】→【应收冲应收】，进入【应收冲应收】窗口。在【转出】列表框的【客户】栏选择"青岛怀兴公司"；在【转入】列表框的【客户】栏选择"重庆鼎繁公司"。客户信息录入完成界面如图 5-41 所示。

操作视频

销售退货业务处理

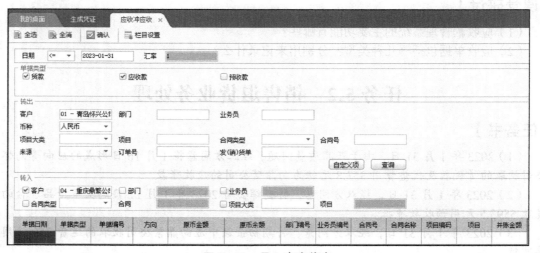

图 5-41　录入客户信息

（2）单击【查询】按钮，在第一行【并账金额】栏输入"293.8"，在第三行【并账金额】栏输入"60"，如图 5-42 所示。单击【确认】按钮，系统提示"是否立即制单"，单击【否】按钮。

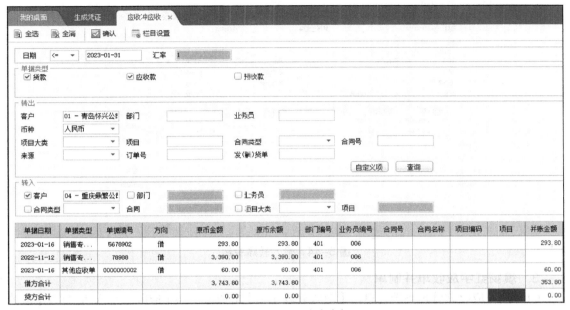

图 5-42　设置并账金额

2. 将预收账款冲抵应收账款

（1）进入应收款管理系统，单击【转账】→【预收冲应收】，打开【预收冲应收】对话框。在【客户】栏选择"武汉晓辉公司"，单击【过滤】按钮，在【转账金额】栏输入"5593.5"，如图 5-43 所示。

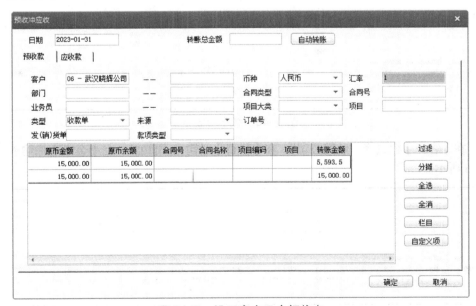

图 5-43　设置客户及金额信息

（2）在【应收款】选项卡中，单击【过滤】按钮，在【转账金额】栏输入"5593.5"，如图 5-44 所示。单击【确定】按钮，系统询问"是否立即制单"，单击【否】按钮，然后单击【取消】按钮退出。

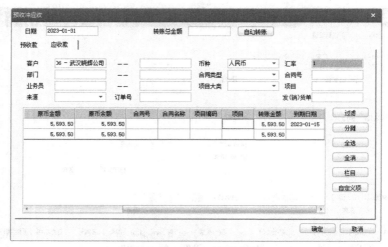

图 5-44　输入转账金额

3. 填制红字应收单并制单

（1）进入应收款管理系统，单击【应收处理】→【应收单】→【应收单录入】，打开【应收单录入】窗口。单击【增加】按钮，选择"应收单"，单击【红单】，生成红字应收单，如图 5-45 所示。

图 5-45　红字应收单

（2）在【客户】栏选择"鼎繁公司"，在【科目】栏输入"1122"，在【金额】栏输入"250"，如图 5-46 所示。

图 5-46　录入红字应收单

（3）单击【保存】按钮，再单击【审核】按钮，系统询问"是否立即制单"，单击【是】按钮，生成红字凭证。在红字凭证第二行【科目名称】栏选择"建行存款"，选择结算方式为"信汇"，单击【保存】按钮，结果如图 5-47 所示。

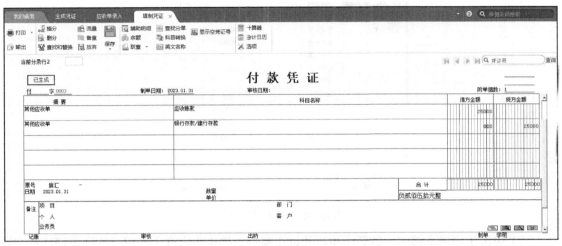

图 5-47　生成红字付款凭证

4. 红票对冲

进入应收款管理系统，单击【转账】→【红票对冲】→【手工对冲】，打开【红票对冲条件】对话框。在【客户】栏选择"鼎繁公司"，单击【确定】按钮，进入【手工对冲】窗口。在 2022 年 11 月 22 日所填制的应收单【对冲金额】栏输入"250"，如图 5-48 所示。单击【确认】按钮，系统自动将选中的红字应收单和蓝字应收单对冲，对冲完毕后，单击【退出】按钮退出。

单据日期	单据类型	单据编号	客户	币种	原币金额	原币余额	对冲金额	部门	业务员	合同名称
2023-01-31	其他应收单	0000000003	鼎繁公司	人民币	250.00	250.00	250.00	销售一科	刘佳	
合计					250.00	250.00	250.00			

单据日期	单据类型	单据编号	客户	币种	原币金额	原币余额	对冲金额	部门	业务员	合同名称
2023-01-16	销售专…	5678902	鼎繁公司	人民币	293.80	293.80		销售一科	刘佳	
2022-11-18	销售专…	78989	鼎繁公司	人民币	3,390.00	3,390.00		销售一科	刘佳	
2023-01-16	其他应收单	0000000002	鼎繁公司	人民币	60.00	60.00		销售一科	刘佳	
2022-11-22	其他应收单	0061	鼎繁公司	人民币	250.00	250.00	250.00	销售一科	刘佳	
合计					3,993.80	3,993.80	250.00			

图 5-48　输入对冲金额"250"

5. 制单

（1）进入应收款管理系统，单击【凭证处理】→【生成凭证】，打开【制单查询】对话框，勾选【应收冲应收】与【预收冲应收】复选框，如图 5-49 所示。

图 5-49　勾选相应单据

（2）单击【确定】按钮，打开【生成凭证】窗口。单击【全选】按钮，凭证类别选择"转账凭证"，如图 5-50 所示。

图 5-50　设置应收制单

（3）单击【制单】按钮，生成第一张记账凭证，然后单击【保存】按钮。依次单击【下张】和【保存】按钮，保存第二张记账凭证，如图 5-51 所示。

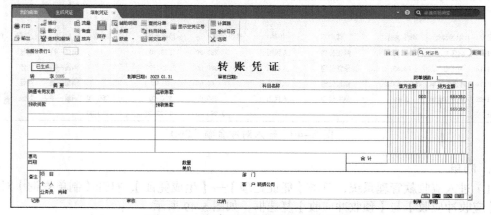

图 5-51　生成的预收冲应收转账凭证

【课堂研讨】

（1）转账处理包括哪几种类型？

（2）核销指的是什么？

任务 5.3　账表查询和月末结账

【任务书】

（1）查询 2023 年 1 月填制的所有销售专用发票、收款单。

（2）欠款分析。

（3）查询业务总账、科目余额表以及取消转账操作。

（4）月末结账。

【工作准备】

如果当月的所有业务已经处理完，需要进行月末结账。应收款管理系统会自动检查应收单、收款单是否审核以及业务处理之后是否制单。检查全部通过才可以进行月末结账。只有在当月结账以后，才可以开始下一个月的工作。在进行了月末结账之后，该月不可以再进行任何处理。

操作视频

账表查询和月末结账

【任务处理】

1. 查询 1 月填制的所有销售专用发票

进入应收款管理系统，单击【销售发票】→【销售发票查询】，打开【销售发票查询】窗口。单击【查询】按钮，发票类型选择"销售专用发票"，单击【确定】按钮，可查到 1 月填制的所有销售专用发票，如图 5-52 所示。

				销售发票列表						
序号	□	单据日期	单据类型	单据编号	客户	币种	汇率	原币金额	原币余额	本币
1	□	2023-01-16	销售专...	5678901	重庆亏洋公司	人民币	1.00000000	289.28	289.28	
2	□	2023-01-16	销售专...	5678902	青岛宏兴公司	人民币	1.00000000	293.80	293.80	
3	小计							583.08	583.08	
4	合计							583.08	583.08	

图 5-52　1 月填制的所有销售专用发票

2. 查询 1 月填制的所有收款单

进入应收款管理系统，单击【收款处理】→【收付款单查询】，打开【收付款单查询】窗口。单击【查询】按钮，选择单据类型为"收款单"，单击【确定】按钮，可查到 1 月填制的所有收款单，如图 5-53 所示。

				收付款单列表						
序号	□	单据日期	单据类型	单据编号	客户	币种	汇率	原币金额	原币余额	本币
1	□	2023-01-22	收款单	0000000002	重庆立洋公司	人民币	1.00000000	750.00	750.00	
2	小计							750.00	750.00	
3	合计							750.00	750.00	

图 5-53　1 月填制的所有收款单

3. 欠款分析

（1）进入应收款管理系统，单击【统计分析】→【欠款分析】，打开【欠款分析】对话框，选中所有欠款分析条件，如图 5-54 所示。

图 5-54 设置欠款分析条件

（2）单击【确定】按钮，进入【欠款分析】窗口，欠款分析如图 5-55 所示。

图 5-55 欠款分析

4. 查询业务总账

进入应收款管理系统，单击【业务账表】→【业务总账】，打开【查询条件-应收总账表】对话框。单击【确定】按钮，打开【应收总账表】窗口。查询到的应收总账表如图 5-56 所示。

图 5-56 应收总账表

5. 查询科目余额表

（1）进入应收款管理系统，单击【科目账查询】→【科目余额表】，打开【科目余额表】对话框，选择"客户余额表"，期间设置为 2023 年 1 月，如图 5-57 所示。

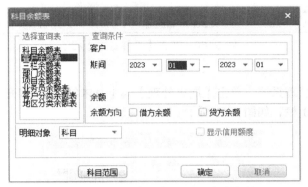

图 5-57　选择查询表和设置查询条件

（2）单击【确定】按钮，查询到的客户余额表如图 5-58 所示。

客户余额表

客户　全部

期间：2023.01-2023.01

金额式

	客户		科目		方向	期初余额	借方	贷方	方向	期末余额
编号	名称	编号	名称			本币	本币	本币		本币
03	重庆立洋公司	1122	应收账款		平		1,039.28	750.00	借	289.28
小计：					平		1,039.28	750.00	借	289.28
04	重庆鼎繁公司	1122	应收账款		平		103.80		借	103.80
小计：					平		103.80		借	103.80
06	武汉皖辉公司	1122	应收账款		平		5,593.50	5,593.50	平	
06	武汉皖辉公司	2203	预收账款		平			-5,593.50	借	5,593.50
小计：					平		5,593.50		借	5,593.50
合计：					平		6,736.58	750.00	借	5,986.58

图 5-58　客户余额表

6. 取消转账操作

（1）进入应收款管理系统，单击【其他处理】→【取消操作】，打开【取消操作条件】对话框。在【客户】栏选择"重庆鼎繁公司"，操作类型选择"红票对冲"，如图 5-59 所示。

（2）单击【确定】按钮，进入【取消操作】窗口。双击【选择标志】栏，如图 5-60 所示，单击【确认】按钮。

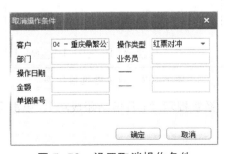

图 5-59　设置取消操作条件

图 5-60　双击【选择标志】栏

7. 月末结账

（1）进入应收款管理系统，单击【期末处理】→【月末结账】，打开【月末处理】对话框，双击一月【结账标志】栏，如图 5-61 所示。

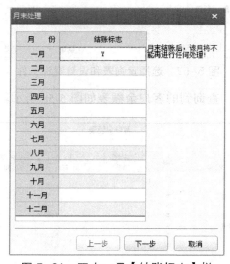

图 5-61　双击一月【结账标志】栏

（2）单击【下一步】按钮，打开月末处理情况表，如图 5-62 所示。

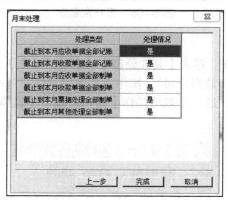

图 5-62　月末处理情况表

（3）单击【完成】按钮，系统提示"1 月份结账成功"，单击【确定】按钮。

【课堂研讨】

应收款管理系统结账之后可以继续进行相关操作吗？

学思小课堂

应收账款管理不善造成的不良后果

应收账款是企业因销售商品、提供劳务而形成的债权，具有资产的某些属性。应收账款在持有期间内，会丧失部分时间价值；随着时间的推移，应收账款还可能因为债务人破产而无法收回，形成坏账。坏账的影响程度取决于应收账款的规模，规模越大，其负面影响越大；同时也取决于应收账款账龄的长短，账龄越长，坏账损失产生的风险越大。大量呆账、坏账的产生，给企业带来了极大的经营风险。

应收账款管理不善造成的不良后果主要包括以下方面。

（1）占用企业生产经营资金，减慢企业资金周转速度。应收账款是企业因销售行为发生而形成的债权。未实现的现金流入，属于应收而未收的资产。应收账款的不断增加，使企业资金的周转速度减慢，使大量的流动资金沉淀在非生产环节，致使企业的生产经营资金短缺，影响企业正常的生产经营。

（2）增加企业的现金流出。应收账款的管理成本（即信用调查费用、信息收集费用、账簿记录费用、收账费用等），会增加企业的现金流出。

（3）形成坏账损失，影响企业经营业绩。坏账是企业无法收回或收回可能性极小的应收账款。发生坏账而产生的损失，称为坏账损失。

项目总结评价

本项目主要学习销售与应收款管理系统的基本知识和操作方法。工作流程可总结为五个步骤：启动销售与应收款系统—系统初始化设置—普通销售业务处理—销售退货业务处理—账表查询、月末结账。

学生自评表

评价项目	质量要求	评价等级（A/B/C/D）
完成任务时间	在规定时间内完成任务 5.1～任务 5.3	
任务完成质量	所有任务均按照要求完成，操作方法得当	
技能掌握情况	熟练掌握应收款管理系统初始化设置、普通销售业务处理、销售退货业务处理、账表查询、月末结账等操作步骤及方法	
团队协作情况	有效合作、有效沟通、目标一致完成小组任务	
语言表达能力	汇报思路清晰，内容介绍完整，回答问题正确	

教师评价表

评价项目	质量要求	评价等级（A/B/C/D）
课前预习情况	通过自主学习（如查阅资料、观看视频）获得相关知识	
学习态度	积极主动学习获得相关知识，回答问题积极	
沟通协作	有效合作、有效沟通、目标一致完成小组任务	
展示汇报	汇报思路清晰，内容介绍完整，操作熟练，回答问题正确	
操作规范	对销售与应收款管理系统处理恰当，按照工作流程完成任务	
技能掌握情况	熟练掌握应收款管理系统初始化设置、普通销售业务处理、销售退货业务处理、账表查询、月末结账等操作步骤及方法	
职业道德	牢固树立安全意识、团队合作意识和责任担当精神	

注：评价等级统一采用 A（优秀）/B（良好）/C（合格）/D（不合格）四档。

项目 6

库存管理系统业务处理

项目概述

　　库存管理系统是用友 ERP-U8 V15.0 的重要子系统，拥有采购入库、生产入库、销售出库、材料出库、其他出入库、盘点管理等功能，提供货位管理、批次管理、不合格品管理、入库跟踪管理和条形码管理等业务应用。库存管理系统适用于各种类型的工商业企业，如制造业企业、医药企业、食品批发企业、零售企业、批零兼营企业、集团应用及远程仓库等。库存管理系统的使用者一般为企业的仓库主管、仓库保管员和仓库统计员。本项目主要引导学生了解库存管理系统的功能，明确库存管理系统与其他子系统之间的关系，掌握处理存货出入库业务和库存盘点业务的方法和步骤。

学习目标

1. 了解库存管理系统的功能。
2. 了解库存管理系统与其他系统之间的关系。
3. 掌握存货出入库业务和库存盘点业务的处理流程。
4. 能够结合企业实际，根据业务要求进行库存管理系统的日常业务操作。
5. 树立创新发展和责任担当的意识。

业务处理流程

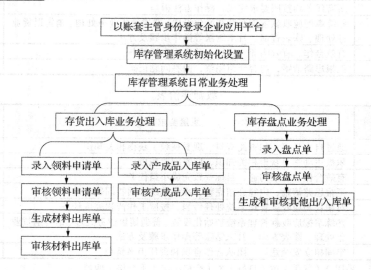

案例导入

蓝星公司随着 ERP 系统的运行，出现了一些困扰库管人员的问题，主要包括以下方面。

（1）公司有时会出现商品以及原材料的积压、超量等多种异常状态，导致公司出现因原材料不足而停产、因原材料的库存数量过多而积压流动资金等情况。

（2）财务账和库存台账时常对不上等。

库存管理的相关问题应该如何解决？本项目将为我们解答。

课前任务

1. 观看教学视频，熟悉存货出入库业务处理、库存盘点业务处理等操作。

2. 讨论分析库存管理系统存在的必要性有哪些。

学习任务

任务 6.1　库存管理系统初始化设置

【任务书】

蓝星公司决定从 2023 年 1 月 1 日起使用用友 ERP-U8 Vl5.0 进行库存管理。韩雪为公司仓储部的库管员。

请根据表 6-1，录入蓝星公司库存期初结存数据。注意：库存管理系统的业务档案信息，在任务 2.6 业务信息设置中已设置完毕。

表 6-1　　　　　　　　　　　　　蓝星公司库存期初结存数据　　　　　　　　　　　　金额单位：元

仓库	存货名称	数量	单价	金额
原料库	钢材	180 吨	3 600	648 000
原料库	油漆	200 桶	300	60 000
原料库	电动机	5 台	600	3 000

【工作准备】

进行库存管理系统初始化设置是为用户在计算机上处理存货管理业务准备一个适宜的运行环境，并在经济业务发生某些变化时能对已有的设置进行修改以便适应这些变化。在实际业务处理中，企业一般同时启用采购管理、销售管理、库存管理系统，这几个系统统称供应链模块。接下来仅就库存管理系统的初始化内容进行介绍。

1. 存货

存货是指企业在日常活动中持有的以备出售的产成品、在产品、在生产过程或提供劳务过程中耗用的物料等。存货是保证企业生产经营活动顺利进行的必要条件。为了保障企业生产经营活动连续不断地进行，企业要不断地购入、耗用或销售存货。库存管理就是对企业的存货的流动进行动态控制和管理，它是企业物流管理的核心。存货核算是指企业财务部门对存货的价值流动的管理与核算。

2. 库存存在的必要性

（1）预防不确定的物料需求变动。库存能满足不确定的物料需求，避免停工待料、缺货给企业造成的损失。

（2）节省订货费用。增大订货批量虽然会增加库存，但是同时减少了订货次数，从而也减少了订货费用。

（3）节省作业费用，提高人员和设备的利用率。增加生产批量虽然增加了库存，但同时会减少设备调整次数，提高设备和人员的利用率，能够节省作业费用。

3. 库存管理系统的使用者及岗位职责

库存管理系统的使用者一般为仓库主管、仓库保管员和仓库统计员，他们各自的岗位职责和应用系统功能详见表6-2。

表6-2　　　　　　　　　　　　　岗位职责和应用系统功能

岗位	岗位职责	应用系统功能
仓库主管	制订仓库工作计划； 监控物资发放及使用情况； 审核仓库日常业务单据，防漏报、重报，避免资金损失； 负责编制物料收、发、储日报表及月报表	审核日常业务单据； 查询收发存汇总表及存量表，监控物料存量的波动； 设置安全库存、最高最低库存并进行预警，避免库存出现超储或短缺的情况； 进行库存分析、呆滞积压存货分析，监控物料，避免物料积压
仓库保管员	负责仓库物料的保管、验收、出入库等工作； 合理安排物料在仓库内的存放次序，按物料种类、规格、等级分区堆码； 负责定期对仓库物料盘点清仓，做到账、物、卡三者相符	录入日常出入库单据（也可由专职的仓库统计员录入），指定货位； 查询库存台账，保证账实相符； 进行仓库与货位对账，保证账卡相符
仓库统计员	负责仓库管理中的出入库单、验收单等原始资料、账册的收集、整理和建档工作； 收集、汇总、核实各种统计资料，按要求及时编制与上报各种统计报表	录入或审核日常出入库单据； 打印已审核的业务单据和台账并归档； 查询、汇总库存报表，上报给上级主管； 月末进行库存和存货核算对账工作，保证仓库账与财务账一致

【任务处理】

首先以李明的身份登录企业应用平台，录入库存期初结存数据。

期初库存是指开始存货时或特定日期的库存量及其金额，也就是存货在某一时段开始时的库存量及其价值。

（1）进入企业应用平台，单击【业务导航】→【供应链】→【库存管理】→【设置】→【期初结存】，进入【库存期初数据录入】窗口。

（2）按照表6-1录入各项数据，如图6-1所示。单击【保存】按钮后，再单击【批审】按钮，库存期初结存数据录入完毕。

操作视频

库存管理系统
初始化设置

图6-1　录入库存期初结存数据

【课堂研讨】

库存管理系统有哪些主要功能？

任务 6.2　存货出入库业务处理

【任务书】

（1）材料领用。2023 年 1 月 9 日，蓝星股份有限公司生产车间下达生产订单，生产订单号为 SC-23-001，计划生产甲产品 40 台，随即按产品配方提出领料申请，报经生产主管签字审核后，到仓库办理领料手续，仓储部按要求从原料库发料。材料领用明细如下：钢材 2 吨、油漆 3 桶。

（2）产成品入库。根据 1 月 9 日下达的生产订单，生产车间于 1 月 23 日完成甲产品的生产，并将生产完成的 40 台甲产品办理入库手续，入产成品库。

（3）调拨。1 月 25 日，由于产成品库容积不够用，造成装货拥堵，经批准，决定将产成品库的 20 台乙产品调拨到原料库。

【工作准备】

1. 销售出库单

在销售与应收款管理系统中已做介绍。

2. 材料出库单

材料出库单是领用材料时所填制的出库单据，当从仓库中领用材料用于生产或委外加工时，就需要填制材料出库单。材料出库单是工业企业出库单据的主要部分，因此，材料出库单也是进行日常业务处理和记账的主要原始单据之一。只有工业企业才有材料出库单，商业企业没有此单据。

3. 其他出库单

其他出库单指除销售出库单、材料出库单之外的其他出库，如调拨出库、盘亏出库、组装拆卸出库、形态转换出库、不合格品记录等业务形成的出库单。其他出库单一般由系统根据其他业务单据自动生成，也可手工填制。

4. 调拨业务

在仓储管理过程中，可能出现因仓库容积、存货分类等原因，将存货从一个仓库转移到另一个仓库，或者从一个部门转移到另一个部门的情况。这类情况下，只是存货的存放位置发生了变化，成本无变化。

【任务处理】

1. 单据设置

（1）以账套主管李明的身份登录企业应用平台，单击【业务导航】→【基础设置】→【单据设置】→【单据格式设置】，进入【单据格式设置】窗口，如图 6-2 所示。

（2）选择左侧【单据目录分类】→【供应链】→【库存管理】→【材料出库单】→【显示】下的"材料出库单显示模板"，如图 6-3 所示。

（3）单击鼠标右键，从弹出菜单中选择"表体栏目"，打开【表体】对话框。勾选左侧【项目】【项目编码】【项目大类编码】【项目大类名称】复选框，如图 6-4 所示，单击【确定】按钮。

操作视频

存货出入库业务处理

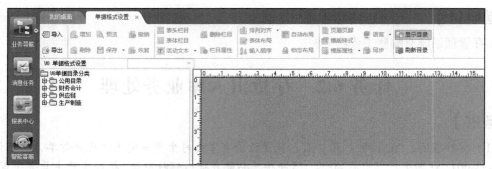

图 6-2 【单据格式设置】窗口

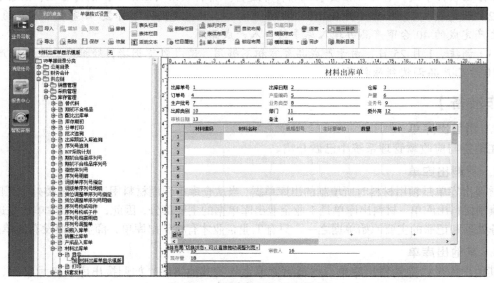

图 6-3 材料出库单显示模板

图 6-4 勾选项目

2. 录入领料申请单

（1）以领料人员武刚（注意：领料人员需要有库存管理系统的权限）的身份登录企业应用平台，单击【业务导航】→【供应链】→【库存管理】→【材料出库】→【领料申请】，进入【领料申请单】窗口，如图 6-5 所示。

图 6-5 　【领料申请单】窗口

（2）单击【增加】下拉按钮，选择"空白单据"，进入编辑状态。按照任务要求，录入领料申请单信息，结果如图 6-6 所示。注意：录入表头的部门和出库类别，信息会自动带入材料出库单中。

图 6-6 　录入领料申请单信息

（3）单击【保存】按钮，再单击【审核】按钮，系统提示"该单据审核成功！"，单击【确定】按钮，如图 6-7 所示。

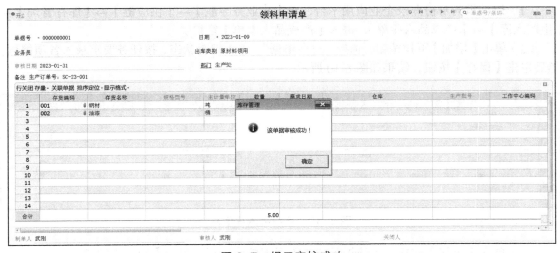

图 6-7 　提示审核成功

3. 生成材料出库单

（1）以韩雪的身份登录企业应用平台，单击【业务导航】→【供应链】→【库存管理】→【材料出库】→【材料出库单】，进入【材料出库单】窗口，如图6-8所示。

图6-8 【材料出库单】窗口

（2）单击【增加】下拉按钮，选择"空白单据"，根据领料申请单录入材料出库单，单击【保存】按钮，结果如图6-9所示。

图6-9 录入材料出库单

（3）单击【审核】按钮，系统提示"该单据审核成功！"，单击【确定】按钮。

4. 录入产成品入库单

（1）以韩雪的身份登录企业应用平台，单击【业务导航】→【供应链】→【库存管理】→【生产入库】→【产成品入库单】，进入【产成品入库单】窗口。

（2）单击【增加】下拉按钮，选择"空白单据"，进入编辑状态，按任务要求录入各项信息，然后单击【保存】按钮，结果如图6-10所示。

图6-10 产成品入库信息

（3）单击【审核】按钮，系统提示"该单据审核成功！"，单击【确定】按钮。

!!!**注意**

　　在企业生产过程中，凡是需要核算成本的半成品、产成品入库，均通过产成品入库单实现。

5．录入、审核调拨申请单

　　（1）以韩雪的身份登录企业应用平台，单击【业务导航】→【供应链】→【库存管理】→【调拨业务】→【调拨申请单】，进入【调拨申请单】窗口。

　　（2）单击【增加】下拉按钮，选择"空白单据"，进入编辑状态，按任务要求录入转出仓库、转入仓库、出库类别、入库类别等信息，然后单击【保存】按钮，如图 6-11 所示。

图 6-11　录入调拨申请单

　　（3）此时表体中的【批复数量】栏为空，单击【批复】按钮，系统自动将批复数量调整为调拨数量，可手动修改实际批复数量，然后单击【保存】按钮，如图 6-12 所示。

图 6-12　批复完成界面

　　（4）单击【审核】按钮，系统提示"该单据审核成功！"，单击【确定】按钮。

!!!**注意**

　　调拨申请单可以录入，也可以不录入，根据企业实际情况决定；注意表体的批复数量不能为空，否则无法参照生成调拨单。

6．生成调拨单

　　（1）以韩雪的身份登录企业应用平台，单击【业务导航】→【供应链】→【库存管理】→【调拨业务】→【调拨单】，进入【调拨单】窗口。

　　（2）单击【增加】下拉按钮，选择"调拨申请单"，打开【查询条件-调拨申请单生单列表】对话框，输入单据号和单据类型，如图 6-13 所示。

　　（3）单击【确定】按钮，进入【调拨申请单生单列表】窗口，选中单据号为"0000000001"的调拨申请单，如图 6-14 所示。

图 6-13　输入单据号和单据类型

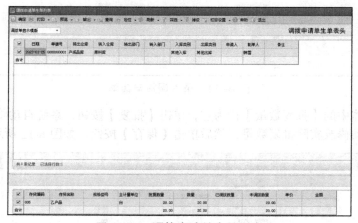

图 6-14　调拨申请单生单列表

（4）单击左上方的【确定】按钮，系统根据调拨申请单自动生成调拨单，将日期修改为"2023-01-25"，如图 6-15 所示，然后单击【保存】按钮。

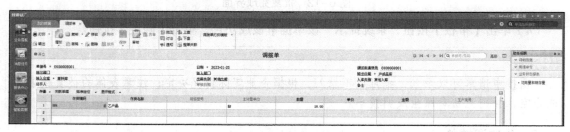

图 6-15　生成调拨单

任务6.3　库存盘点业务处理

【任务书】

2023 年 1 月 31 日，蓝星股份有限公司对原料库中的存货进行盘点后发现钢材少了 1 吨。经查，盘亏的钢材系人为原因造成的损失，由责任人按当期结存成本进行赔偿。

【工作准备】

盘点是指将账存数和实存数进行逐一核对，以确定账存数和实存数之间是否存在差异。为了保证企业库存资产的安全和完整，做到账实相符，企业必须对存货进行定期或不定期的清查，查明存货盘盈、盘亏、损毁的数量以及原因，并据以编制存货盘点报告表，按规定程序报有关部门审批。

对实物资产，盘点主要采用实地盘点法和技术推算法，其目的是对库存进行更加有效的监督管理，确保仓储货品完好无损。在系统内，对存货进行盘点，系统会自动带出当前账面结存数，需手动录入实存数。如果账面数大于实存数，表明出现了盘亏，反之则表明出现了盘盈。对盘点单审核后，盘亏、盘盈部分自动生成其他出库单、其他入库单。

按照财务会计制度规定，对盘点过程中出现的盘亏或者盘盈，首先应记入"待处理财产损溢"科目，待查明原因后，视具体情况记入"管理费用""营业外支出""其他应收款""应付账款""营业外收入""营业外支出"等科目。

【任务处理】

操作视频

库存盘点业务处理

1. 录入、审核盘点单

（1）以韩雪的身份登录企业应用平台，单击【业务导航】→【供应链】→【库存管理】→【盘点业务】→【盘点单】，进入【盘点单】窗口。

（2）单击【增加】→【普通仓库盘点】，选择要盘点的仓库，进行盘点，如图 6-16 所示。

图 6-16　盘点单

（3）单击【盘库】按钮，打开【盘点处理】对话框，选中【按仓库盘点】单选按钮，如图 6-17 所示。

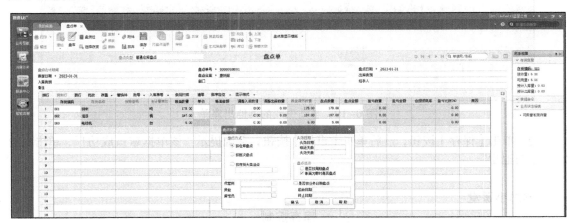

图 6-17　选择盘点方式

会计信息系统应用

（用友 ERP-U8 V15.0 微课版）

（4）单击【确认】按钮，系统自动将符合条件的存货的账面数量逐一列出，输入实际盘点数量，系统自动计算出盘盈和盘亏数量。"盈亏数量"为正数说明盘盈，为负数则说明盘亏。钢材账面数量为 178 吨，实盘数量为 177 吨，直接将钢材的盘点数量"178"手动修改为"177"，系统自动计算出盘亏数量 1 吨，如图 6-18 所示。

图 6-18　盘点结果

（5）单击【保存】按钮，然后单击【审核】按钮，系统提示"该单据审核成功！"，单击【确定】按钮退出。

!!! **注意**

　① 企业在盘点过程中，盘点方式分为抽查盘点和全面盘点。抽查盘点时，单击【选择】按钮，选择需要盘点的存货；如果是全面盘点，则单击【盘库】按钮。

　② 盘点单表头的出库类别、入库类别需要手动输入，系统会自动将该出入库类别带入生成的其他出入库单上。

　③ 部分企业在盘点时，收发货业务还未完成，比如仓库依据发货单正在安排装车发货，某产品已经装上了车，此时进行盘点，会导致账面数量多、实盘数量少，此时可以将已装车的数量录入表体的【调整出库数量】栏。同理，如果有货物已经入库，尚未办理入库手续，此时可以将该部分货物的数量录入表体的【调整入库数量】栏。

2. 审核其他出库单

系统根据盘盈、盘亏情况在库存管理中自动生成其他入库单、其他出库单。

（1）以韩雪的身份登录企业应用平台，单击【业务导航】→【供应链】→【库存管理】→【其他出库】→【其他出库单】，进入【其他出库单】窗口，自动生成的其他出库单如图 6-19 所示。

图 6-19　自动生成的其他出库单

（2）单击【保存】按钮，然后单击【审核】按钮，系统提示"该单据审核成功！"，单击【确定】按钮退出。

学思小课堂

库存控制

　库存控制是企业生产经营过程中的重要环节之一，它直接关系到企业的运营效率和经济效益。库存控制体现了社会主义核心价值观的指导作用，通过引导企业合理控制库存，促进经济发展，实现社会效益和经济效益的统一。

库存控制不仅是一种管理手段，还体现了对人的尊重和关爱。在控制库存过程中，企业要关注员工的劳动权益，保障其合法权益，提高员工的工作积极性和创造性。同时，企业要关注消费者的需求，提供优质安全的产品和服务，满足消费者的多样化需求。

库存控制涉及企业的经营效益和社会效益。企业要积极履行环保义务，减少库存对环境的污染，推动绿色可持续发展。同时，企业还要积极履行社会责任，关注社会的稳定和发展，为社会作出贡献。

项目总结评价

本项目主要学习了解库存管理系统的功能，工作流程可总结为十个步骤：库存管理系统初始化设置—录入领料申请单—审核领料申请单—生成材料出库单—审核材料出库单—录入产成品入库单—审核产成品入库单—录入盘点单—审核盘点单—生成和审核其他出/入库单。

学生自评表

评价项目	质量要求	评价等级（A/B/C/D）
完成任务时间	在规定时间内完成任务 6.1～任务 6.3	
任务完成质量	所有任务均按照要求完成，操作方法得当	
技能掌握情况	熟练掌握处理存货出入库业务和库存盘点业务的操作步骤及方法	
团队协作情况	有效合作、有效沟通、目标一致完成小组任务	
语言表达能力	汇报思路清晰，内容介绍完整，回答问题正确	

教师评价表

评价项目	质量要求	评价等级（A/B/C/D）
课前预习情况	通过自主学习（如查阅资料、观看视频）获得相关知识	
学习态度	积极主动学习获得相关知识，回答问题积极	
沟通协作	有效合作、有效沟通、目标一致完成小组任务	
展示汇报	汇报思路清晰，内容介绍完整，操作熟练，回答问题正确	
操作规范	对信息综合分析处理恰当，按照工作流程完成任务操作	
技能掌握情况	能够结合企业实际，根据业务要求进行存货出入库业务和库存盘点业务的日常业务操作	
职业道德	树立创新发展和责任担当精神	

注：评价等级统一采用 A（优秀）/B（良好）/C（合格）/D（不合格）四档。

项目 7

固定资产管理系统业务处理

项目概述

　　固定资产管理系统业务处理包括企业固定资产日常业务的核算和管理；生成固定资产卡片，按月反映固定资产的增减变动、原值变化及其他变动，并输出相应的增减变动明细账；按月自动计提折旧，生成折旧分配凭证，同时输出一些相关的报表和账簿。本项目主要引导学生认知固定资产管理系统的功能，熟悉固定资产管理系统的工作内容，掌握系统初始化设置、固定资产卡片的录入与修改、折旧计算和生成凭证的方法。

学习目标

1. 掌握固定资产管理系统初始化设置的相关知识。
2. 掌握固定资产卡片台账管理、固定资产增减变动的会计处理方法。
3. 掌握折旧管理的相关知识。
4. 掌握月末对账、结账的相关知识。
5. 掌握账表查询的相关知识。
6. 树立爱护公共财产、勤俭节约的意识。

业务处理流程

案例导入

蓝星公司是一家机械制造企业，固定资产规模大，自 2023 年上线 ERP 系统以来，使用固定资产管理系统模块对固定资产进行管理，包括基础参数设置、固定资产卡片的录入与修改、固定资产增加和减少的核算、计提折旧以及期末结账和资产统计等。固定资产管理系统的业务内容主要包括以下方面。

（1）通过固定资产主数据提供详细的管理信息。

（2）固定资产管理与会计总账的自动集成。

（3）固定资产的日常业务及动态查询管理。

固定资产管理系统是如何实现以上的管理内容的？固定资产管理系统在管理过程中有哪些优势？如何实现固定资产的动态管理？本项目将为我们解决这些问题。

课前任务

1. 观看教学视频，熟悉固定资产管理系统初始化设置、固定资产卡片台账管理和固定资产折旧管理等操作。

2. 讨论分析固定资产管理系统是否适用于行政事业单位。

学习任务

任务 7.1　固定资产管理系统初始化设置

【任务书】

（1）设置固定资产账套参数。固定资产账套的启用月份为"2023 年 1 月"，固定资产采用"平均年限法（一）"计提折旧，折旧汇总分配周期为一个月；当"月初已计提月份=可使用月份-1"时，将剩余折旧全部提足。固定资产编码方式为"2-1-1-2"；固定资产编码采用自动编码方式，编码方式为"类别编码+序号"，序号长度为"5"。要求固定资产管理系统与总账系统进行对账；固定资产对账科目为"1601 固定资产"；累计折旧对账科目为"1602 累计折旧"；对账不平衡的情况下不允许固定资产月末结账。

（2）设置固定资产选项。固定资产缺省入账科目为"1601"，累计折旧缺省入账科目为"1602"。

（3）设置部门对应折旧科目，如表 7-1 所示。

表 7-1　　　　　　　　　　部门对应折旧科目

部门名称	贷方科目
人事处	管理费用——折旧费 660204
财务处	管理费用——折旧费 660204
采购部	销售费用 6601
销售部	销售费用 6601
生产部	制造费用 5101

（4）设置固定资产类别，如表7-2所示。

表7-2 固定资产类别

类别编码	类别名称	使用年限	净残值率	计提属性	折旧方法	卡片样式
01	房屋及建筑物	30	2%	正常计提	平均年限法（一）	通用样式
011	办公楼	30	2%	正常计提	平均年限法（一）	通用样式
012	厂房	30	2%	正常计提	平均年限法（一）	通用样式
02	机器设备				平均年限法（一）	通用样式
021	生产线	10	3%	正常计提	平均年限法（一）	通用样式
022	办公设备	5	3%	正常计提	平均年限法（一）	通用样式

（5）设置固定资产增减方式及对应的入账科目，如表7-3所示。

表7-3 固定资产增减方式及对应的入账科目

增加方式	对应入账科目	减少方式	对应入账科目
直接购入	银行存款——建行存款（100201）	出售	固定资产清理（1606）
盘盈	待处理财产损溢——待处理固定资产损溢（190102）	盘亏	待处理财产损溢——待处理固定资产损溢（190102）
投资者投入	实收资本（4001）	投资转出	长期股权投资——其他股权投资（151102）
捐赠	营业外收入（6301）	捐赠转出	固定资产清理（1606）
在建工程转入	在建工程（1604）	报废	固定资产清理（1606）

（6）录入固定资产原始卡片，如表7-4所示。

表7-4 固定资产原始卡片

卡片编号	00001	00002	00003	00004	00005
固定资产编号	01100001	01200001	02100001	02100002	02200001
固定资产名称	1号楼	2号楼	A生产线	B生产线	计算机
类别编号	011	012	021	021	022
类别名称	办公楼	厂房	生产线	生产线	办公设备
部门名称	人事处	生产部	生产部	生产部	财务处
增加方式	在建工程转入	在建工程转入	在建工程转入	在建工程转入	在建工程转入
使用年限/年	30	30	10	10	5（年限不可更改）
折旧方法	平均年限法（一）	平均年限法（一）	平均年限法（一）	平均年限法（一）	平均年限法（一）
开始使用日期	2019-03-08	2022-10-10	2022-02-20	2022-05-08	2021-06-01
币种	人民币	人民币	人民币	人民币	人民币
原值/元	206 000	225 000	75 000	90 000	10 000
净残值率	2%	2%	3%	3%	3%
净残值/元	4 120	4 500	2 250	2 700	300
累计折旧/元	25 029	1 215	6 075	5 103	2 916
月折旧率	0.002 7	0.002 7	0.008 1	0.008 1	0.016 2
月折旧额/元	556.2	607.5	607.5	729	162
净值/元	180 971	223 785	68 925	84 897	7 084
对应折旧科目	管理费用——折旧费	制造费用	制造费用	制造费用	管理费用——折旧费

【工作准备】

1. 系统初始化

进入固定资产管理系统，需要根据企业核算管理要求进行初始化设置，包括账套参数设置、部门对应折旧科目设置、固定资产类别设置、固定资产增减方式、卡片项目等初始化定义。

2. 启用月份

系统列示的启用月份仅可以查看，不可以修改。启用日期确定之后，启用日期前的所有固定资产均作为期初数据，在启用月份开始计提数据。

3. 固定资产编码

固定资产的编码方式有两种，分别是"手工输入"与"自动编码"。序号长度可自主设定成1～5位。

4. 修改参数

账套建立完成后，需要对账套中的一些参数进行修改时，可单击【设置】→【选项】进行重新设置。当设置错误又不允许修改，但是又必须进行修改时，只能通过"重新初始化"来实现，此时应注意，重新初始化会清空对账套所做的一切工作。

5. 折旧

在初始化账套时，应勾选【本账套计提折旧】复选框表明本账套计提折旧。没有勾选【本账套计提折旧】复选框时，账套中所有与折旧相关的功能都不可以使用，并且在初始化设置完成之后该操作不可逆。

折旧方法设置是系统自动计算折旧的基础。系统中有 6 种常用的方法，分别是：不提折旧、工作量法、平均年限法（一）、平均年限法（二）、年数总和法、双倍余额递减法。这些方法均是由系统设置的折旧方法，只可以选用，不可以删除或修改。此外，若这几种方法都无法满足企业的需要，可以用系统所提供的"折旧方法自定义"功能，定义出适合本企业的折旧方法的名称与计算公式。

【任务处理】

1. 建立固定资产账套

（1）进入企业应用平台，单击【业务导航】→【财务会计】→【固定资产】，系统询问"这是第一次打开此账套，还未进行过初始化，是否进行初始化?"，如图 7-1 所示。

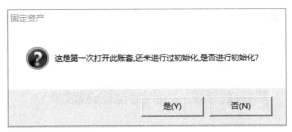

图 7-1　固定资产管理系统初始化询问信息

操作视频

固定资产管理系统
初始化设置

（2）单击【是】按钮，打开【初始化账套向导】对话框，显示约定及说明信息，如图 7-2 所示。

（3）选中【我同意】，单击【下一步】按钮，设置账套启用月份为"2023.01"，如图 7-3 所示。

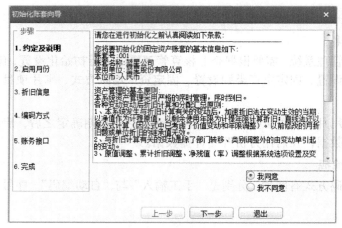

图 7-2　约定及说明

图 7-3　启用月份

（4）单击【下一步】按钮，选择主要折旧方法为"平均年限法（一）"，如图 7-4 所示。

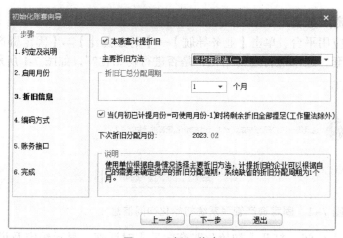

图 7-4　折旧信息

（5）单击【下一步】按钮，将固定资产编码方式设为"自动编码"与"类别编码+序号"，序号长度设为"5"，如图 7-5 所示。

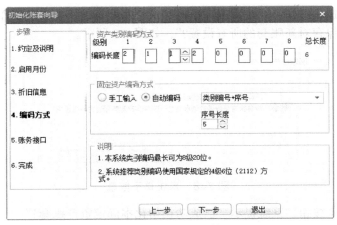

图 7-5　编码方式

（6）单击【下一步】按钮，设置对账科目，在【固定资产对账科目】栏选择"1601，固定资产"，在【累计折旧对账科目】栏选择"1602，累计折旧"，如图 7-6 所示。

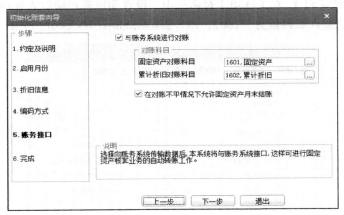

图 7-6　账务接口

（7）单击【下一步】按钮，完成初始化账套设置，如图 7-7 所示。

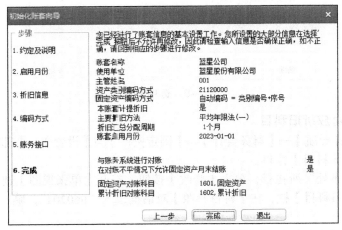

图 7-7　完成初始化账套设置

（8）单击【完成】按钮，系统询问"已经完成了新账套的所有设置工作，是否确定所设置的信息完全正确并保存对新账套的所有设置?"，如图 7-8 所示。

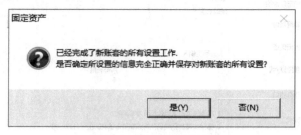

图 7-8　系统提示信息

（9）单击【是】按钮，系统提示"已成功初始化本固定资产账套!"。

（10）单击【确定】按钮，完成固定资产账套初始化设置工作。

2. 设置选项

进入企业应用平台，单击【业务导航】→【基础设置】→【业务参数】→【固定资产】→【编辑】→【与财务系统接口】，在【选项】对话框中，设置固定资产缺省入账科目为"1601，固定资产"，累计折旧缺省入账科目为"1602，累计折旧"，如图 7-9 所示。单击【确定】按钮返回。

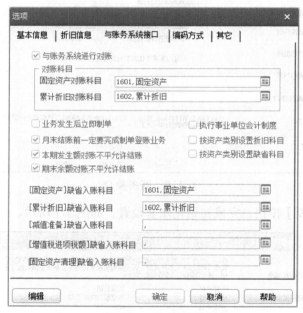

图 7-9　选项设置

3. 设置部门对应折旧科目

（1）单击【业务导航】→【财务会计】→【固定资产】→【设置】→【部门对应折旧科目】，进入【部门对应折旧科目】窗口。

（2）选择"人事处"所在行，单击【修改】按钮，打开【单张视图】选项卡。

（3）单击【折旧科目】栏，在【科目参照】对话框录入"660204"，单击【确定】按钮，如图 7-10 所示。

以此方法继续录入其他部门对应的折旧科目。

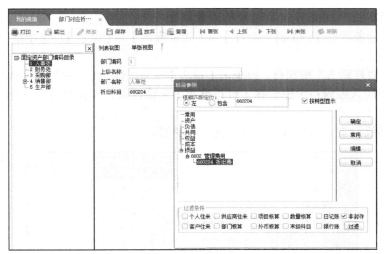

图 7-10 设置折旧科目

4. 设置固定资产类别

（1）单击【业务导航】→【财务会计】→【固定资产】→【设置】→【资产类别】，打开【资产类别】窗口。

（2）单击【增加】按钮，在【单张视图】选项卡的【类别名称】栏录入"房屋及建筑物"，在【使用年限】栏录入"30"，在【净残值率】栏录入"2"，如图 7-11 所示，单击【保存】按钮。

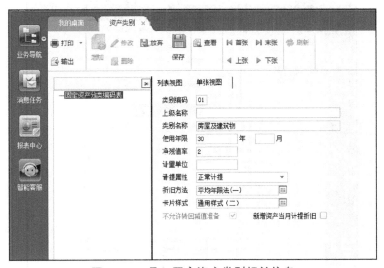

图 7-11 录入固定资产类别相关信息

（3）继续单击【增加】按钮，录入 02 号资产的类别名称"机器设备"，单击【保存】按钮。

（4）单击【放弃】按钮，系统询问"是否取消本次操作"，单击【是】按钮，返回【资产类别】窗口。

（5）选中【固定资产分类编码表】中的【01 房屋及建筑物】，单击【增加】按钮，在【类别名称】栏录入"办公楼"，单击【保存】按钮。

以此方法继续录入其他的固定资产分类。

5. 设置固定资产增减方式及对应的入账科目

（1）单击【业务导航】→【财务会计】→【固定资产】→【设置】→【增减方式】，打开【增减方式】窗口。

（2）选择"直接购入"所在行，再单击【修改】按钮，打开【单张视图】选项卡，如图 7-12所示。单击【对应入账科目】栏，在【科目参照】对话框录入"100201"，单击【确定】按钮，如图 7-13 所示。

以此方法继续设置其他增减方式对应的入账科目。

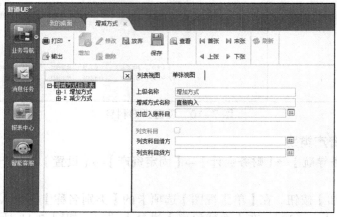

图 7-12 【单张视图】选项卡

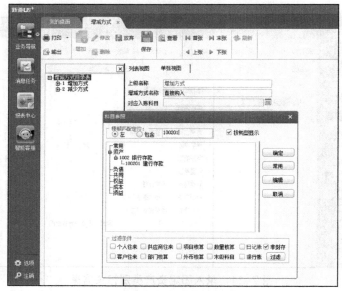

图 7-13 设置对应入账科目

6. 录入固定资产原始卡片

（1）单击【业务导航】→【财务会计】→【固定资产】→【卡片】→【录入原始卡片】，打开【固定资产类别档案】窗口。勾选【011办公楼】复选框，单击【确定】按钮。

（2）在【固定资产名称】栏录入"1号楼"，单击【使用部门】，打开【固定资产】对话框，选中【单部门使用】，如图 7-14 所示。

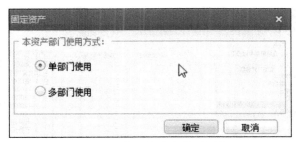

图 7-14 【固定资产】对话框

（3）单击【确定】按钮，打开【部门基本参照】窗口。选中"人事处"所在行，如图 7-15 所示，单击【确定】按钮。

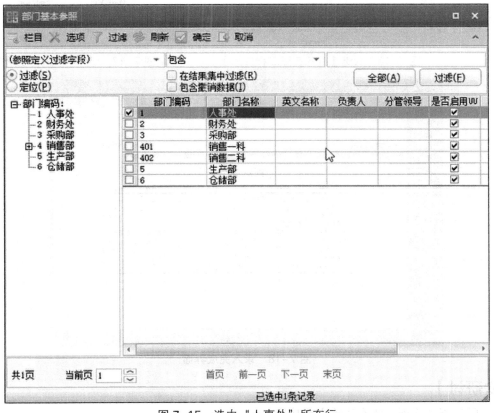

图 7-15　选中"人事处"所在行

（4）单击【增加方式】，打开【固定资产增加方式】窗口，勾选【105 在建工程转入】，如图 7-16 所示，单击【确定】按钮。

（5）单击【使用状况】，打开【使用状况参照】对话框，选择"1001 在用"，如图 7-17 所示，单击【确定】按钮。

（6）在【开始使用日期】栏录入"2019-03-08"，在【原值】栏录入"206 000"，在【累计折旧】栏录入"25 029"，如图 7-18 所示。

（7）单击【保存】按钮，系统提示"数据成功保存!"，单击【确定】按钮。

以此方法继续录入其他的固定资产原始卡片。

图 7-16　勾选【105 在建工程转入】　　图 7-17　选中"1001 在用"

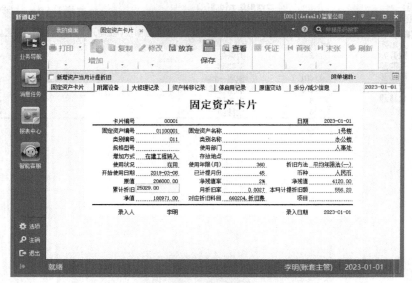

图 7-18　录入完成界面

【课堂研讨】

1. 固定资产管理系统有哪些主要功能？
2. 固定资产卡片登记应注意哪些问题？

任务 7.2　固定资产日常业务处理

【任务书】

（1）修改固定资产卡片。

2023 年 1 月 15 日，将卡片编号为"00003"的固定资产（A 生产线）的使用状况由"在用"修改为"大修理停用"。

160

（2）新增固定资产。

2023 年 1 月 15 日，直接购入一台计算机并交付销售一科使用。该计算机预计使用年限为 5 年，原值为 6 000 元，净残值率为 3%，采用年数总和法计提折旧。

（3）减少固定资产。

2023 年 2 月 20 日，将财务处使用的 00005 号固定资产（计算机）捐赠给希望工程。

（4）固定资产变动。

2023 年 2 月 28 日，根据企业需要，将 00004 号固定资产（B 生产线）的折旧方法由平均年限法（一）更改为工作量法。工作总量为 60 000 小时，累计工作量为 1 000 小时。

【工作准备】

1．固定资产卡片管理

固定资产卡片管理是指对固定资产系统中的全部卡片进行综合管理。用户可以在卡片管理中完成卡片的修改、查询以及打印等操作。

新增固定资产当月不计提折旧，所以折旧额为零或者是空。

在没有制作变动单或评估单的情况下，录入原始卡片的当月，卡片原值、工作总量、使用部门、使用状况、累计折旧、净残值（率）、使用年限、折旧方法、资产类别可以修改。若已制作变动单，只能在删除变动单之后才可以修改。

修改固定资产卡片时，不可以删除非本月录入的卡片。卡片进行过一次月末结账之后就不可以删除。

录入卡片的当月若发现有错误，要删除此卡片，可以通过卡片删除功能来实现。删除卡片之后若此卡片不是最后一张，那么卡片编号保留空号。

2．固定资产的增加与减少

固定资产的增加是指通过购进或者其他方式增加固定资产。当固定资产增加时需要录入一张新的固定资产卡片。固定资产的减少是指固定资产在使用的过程中会因为各种原因（如出售、损毁、盘亏等）退出企业，这时就需要进行固定资产减少的操作。只有在账套开始计提折旧以后，才能使用资产减少的功能，否则减少资产只能通过删除卡片的操作来完成。

3．制单处理

固定资产系统与总账系统间的数据可自动传输，这种传输通过记账凭证来实现。在固定资产系统中，资产增加、资产减少、卡片修改（涉及原值与累计折旧时）、原值变动、资产评估（涉及原值与累计折旧时）、累计折旧调整以及折旧分配这几项业务均需要制作凭证。

4．对账与结账

固定资产系统中,应该确保系统管理的固定资产价值等于总账系统中固定资产科目的数值。当两个系统的资产价值不相等时，需要运用固定资产系统提供的对账功能。对账操作并不限定执行时间，任何时候都可以对账。月末系统在结账时自动对账一次，并根据初始化或者选项的设置来选择在账不平衡的情况下是否允许结账。

固定资产系统完成本月所有的制单业务之后，可以进行月末结账。每个月进行一次月末结账，结账之后当期的数据不可以修改。

5．账表管理

对固定资产进行管理时，用户需要及时了解资产的统计、汇总与其他方面的信息。固定资产系统自动提供这些信息，并且以报表的形式提供给用户。系统提供了四大类报表，即固定资产账簿、分析表、统计表、折旧表。

固定资产账簿是指在固定资产日常业务处理之后，系统依照业务内容直接生成有关的固定资产登记簿。固定资产的账簿资料主要有固定资产总账、固定资产明细账和固定资产登记账簿。

分析表是指对固定资产进行综合分析的表。系统提供了四种分析表，即部门构成分析表、价值结构分析表、类别构成分析表和使用状况分析表。这些表提供了固定资产折旧情况和剩余价值大小等内容。

统计表是指出于管理固定资产的需要，按照管理的目的统计数据的表。

折旧表包括部门折旧计提汇总表、固定资产折旧表、固定资产累计折旧表、固定资产折旧计算明细表、固定资产折旧清单表。

【任务处理】

1. 修改固定资产卡片

（1）单击【业务导航】→【财务会计】→【固定资产】→【卡片】→【卡片管理】，进入【查询条件-卡片管理】窗口。单击【确定】按钮，进入【卡片管理】窗口，如图 7-19 所示。

图 7-19 【卡片管理】窗口

（2）选择"00003"所在行，双击该行，进入【固定资产卡片】窗口。单击【修改】按钮，再单击【使用状况】，打开【使用状况参照】对话框，选中【1004 大修理停用】，单击【确定】按钮返回【固定资产卡片】窗口。单击【保存】按钮，系统提示"数据成功保存！"，再单击【确定】按钮返回【卡片管理】窗口。固定资产卡片修改完成界面如图 7-20 所示。

固定资产卡片

卡片编号	00003		日期	2023-01-15
固定资产编号	02100001	固定资产名称		A生产线
类别编号	021	类别名称		生产线
规格型号		使用部门		生产部
增加方式	在建工程转入	存放地点		
使用状况	大修理停用	使用年限（月）	120	折旧方法 平均年限法(一)
开始使用日期	2022-02-20	已计提月份	10	币种 人民币
原值	75000.00	净残值率	3%	净残值 2250.00
累计折旧	6075.00	月折旧率	0.0081	本月计提折旧额 607.50
净值	68925.00	对应折旧科目	5101,制造费用	项目
录入人	李明		录入日期	2023-01-01

图 7-20 固定资产卡片修改完成界面

2．增加固定资产

单击【业务导航】→【财务会计】→【固定资产】→【卡片】→【资产增加】，打开【固定资产类别档案】对话框。双击【022 办公设备】，进入【固定资产卡片】窗口。在【固定资产名称】栏录入"计算机"，选择使用部门为"销售一科"、增加方式为"直接购入"、使用状况为"在用"、折旧方法为"年数总和法"，在【原值】栏录入"6 000"，如图 7-21 所示。单击【保存】按钮，系统提示"数据成功保存!"，单击【确定】按钮。

固定资产卡片

卡片编号	00006			日期	2023-01-15
固定资产编号	02200002	固定资产名称			计算机
类别编号	022	类别名称			办公设备
规格型号		使用部门			销售一科
增加方式	直接购入	存放地点			
使用状况	在用	使用年限（月）	60	折旧方法	年数总和法
开始使用日期	2023-01-15	已计提月份	0	币种	人民币
原值	6000.00	净残值率	3%	净残值	180.00
累计折旧	0.00	月折旧率	0	本月计提折旧额	0.00
净值	6000.00	对应折旧科目	6601，销售费用	项目	
录入人	李明			录入日期	2023-01-15

图 7-21　新增固定资产卡片

3．计提固定资产折旧

（1）单击【业务导航】→【财务会计】→【固定资产】→【折旧计提】→【计提本月折旧】，系统询问"是否要查看折旧清单?"，如图 7-22 所示。

（2）单击【是】按钮，系统询问"本操作将计提本月折旧，并花费一定时间，是否要继续?"，如图 7-23 所示。

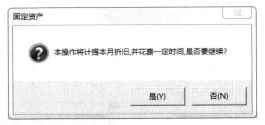

图 7-22　固定资产计提折旧询问信息（1）　　图 7-23　固定资产计提折旧询问信息（2）

（3）单击【是】按钮，进入【折旧清单】窗口，如图 7-24 所示。

													折旧清单
卡片编号	资产编号	资产名称	原值	计提原值	本月计提	累计折旧	本月计提	减值准备	净值	净残值	折旧率	单位折旧	本月工作量 累计工作量 规格型号
00001	01100001	1号楼	206,000.00	206,000.00	556.20	25,585.20	556.20	0.00	180,414.80	4,120.00	0.0027		0
00002	01200001	2号楼	225,000.00	225,000.00	607.50	1,822.50	607.50	0.00	223,177.50	4,500.00	0.0027		0
00003	02100001	A生产线	75,000.00	75,000.00	607.50	6,682.50	607.50	0.00	68,317.50	2,250.00	0.0081		0
00004	02100002	B生产线	90,000.00	90,000.00	729.00	5,832.00	729.00	0.00	84,168.00	2,700.00	0.0081		0
00005	02200001	计算机	10,000.00	10,000.00	162.00	3,078.00	162.00	0.00	6,922.00	300.00	0.0162		0
合计			606,000.00	606,000.00	2,662.20	43,000.20	2,662.20		562,999.80	13,870.00			

图 7-24　【折旧清单】窗口

（4）单击【退出】按钮，进入【折旧分配表】窗口，如图 7-25 所示。

图 7-25　折旧分配表

（5）单击【凭证】按钮，生成一张记账凭证，修改凭证类别为"转账凭证"，单击【保存】按钮，凭证左上角出现"已生成"字样，表明凭证已传递到总账系统，如图 7-26 所示。单击【退出】按钮退出。

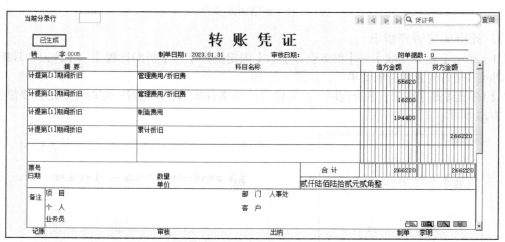

图 7-26　生成计提折旧转账凭证

4. 生成增加固定资产的记账凭证

（1）单击【业务导航】→【财务会计】→【固定资产】→【凭证处理】→【批量制单】，打开【批量制单】窗口。单击【全选】按钮或双击【选择】栏，选中要制单的业务，如图 7-27 所示。

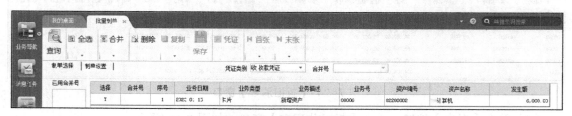

图 7-27　制单业务选择

（2）切换至【制单设置】选项卡，查看制单科目设置，如图 7-28 所示。

序号	业务日期	业务类型	业务描述	业务号	方向	发生额	科目
1	2023-01-15	卡片	新增资产	00006	借	6,000.00	1601 固定资产
2	2023-01-15	卡片	新增资产	00006	贷	6,000.00	100201 建行存款

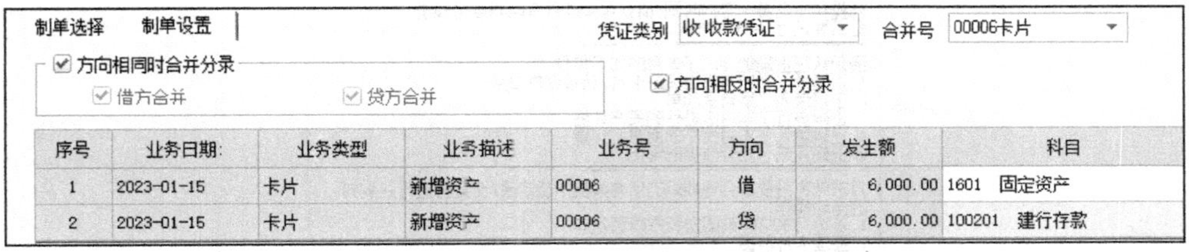

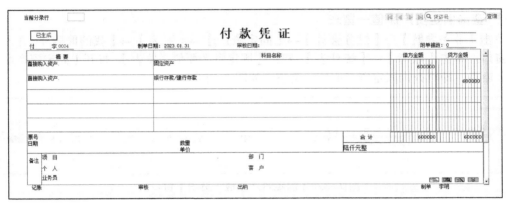

图 7–28　查看制单科目设置

（3）单击【制单】按钮，修改凭证类别为"付款凭证"，在第一行和第二行摘要栏录入"直接购入资产"，单击【保存】按钮，如图 7-29 所示，单击【退出】按钮退出。

图 7–29　生成购入固定资产凭证

5. 对账

单击【业务导航】→【财务会计】→【固定资产】→【资产对账】→【对账】，打开【对账条件】对话框。勾选【1601 固定资产】和【1602 累计折旧】复选框，以及【只显示对账不平的记录】和【包含总账系统未记账记录】复选框，单击【确定】按钮，进入【对账】窗口，如图 7-30 所示。

与总账对账结果

对账不平

科目		固定资产				总账				对账差异			
编码	名称	期初余额	借方金额	贷方金额	期末余额	期初余额	借方金额	贷方金额	期末余额	期初余额	借方金额	贷方金额	期末余额
1601	固定资产	606000.00	6000.00	0.00	612000.0C	606260.00	0.00	0.00	606260.00	-260.00	6000.00	0.00	5740.00
1602	累计折旧	40338.00	0.00	2662.20	43000.2C	77562.00	0.00	0.00	77562.00	-37224.00	0.00	2662.20	-34561.80

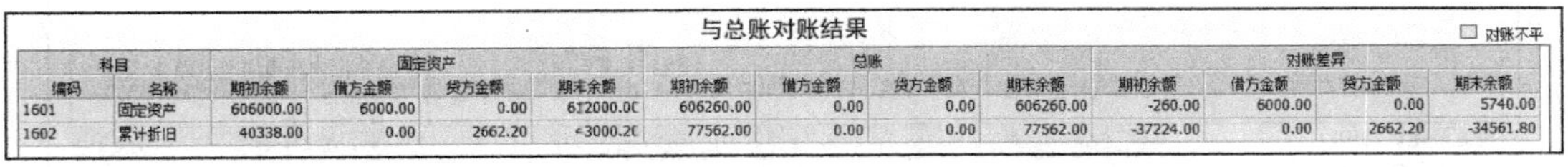

图 7–30　对账

6. 审核并记账固定资产系统所生成的记账凭证

（1）以马林的身份登录总账系统，对固定资产系统生成的出纳凭证进行出纳签字。

（2）以王芳的身份登录总账系统，审核增加原值和计提折旧的记账凭证，并进行记账处理。

7. 重新进行对账

以李明的身份登录固定资产系统，按照同样的方法重新进行对账。

8. 结账

单击【业务导航】→【财务会计】→【固定资产】→【期末处理】→【月末结账】，打开【月末结账】对话框。单击【开始结账】按钮（见图 7-31），出现【与总账对账结果】对话框，单击【确定】按钮，出现系统提示，继续单击【确定】按钮。

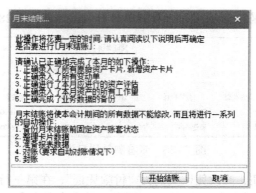

图 7-31　开始结账

9. 查询固定资产原值一览表

单击【业务导航】→【财务会计】→【固定资产】→【账表】→【我的账表】，进入【报表】窗口。单击【账簿】→【统计表】，双击【固定资产原值一览表】，打开【固定资产原值一览表】窗口，即可查询固定资产原值一览表，如图 7-32 所示。

使用单位:蓝星股份有限公司											
期间: 2023.01											
部门级次1-1											
部门名称	合计				房屋及建筑物				机器设备			
	原值	累计折旧	减值准备	净值	原值	累计折旧	减值准备	净值	原值	累计折旧	减值准备	净值
人事处(1)	206,000.00	25,585.20		180,414.80	206,000.00	25,585.20		180,414.80				
财务处(2)	10,000.00	3,078.00		6,922.00					10,000.00	3,078.00		6,922.00
销售部(4)	6,000.00			6,000.00					6,000.00			6,000.00
生产部(5)	390,000.00	14,337.00		375,663.00	225,000.00	1,822.50		223,177.50	165,000.00	12,514.50		152,485.50
合计	612,000.00	43,000.20		568,999.80	431,000.00	27,407.70		403,592.30	181,000.00	15,592.50		165,407.50

图 7-32　【固定资产原值一览表】窗口

10. 查询价值结构分析表

单击【业务导航】→【财务会计】→【固定资产】→【账表】→【我的账表】，进入【报表】窗口。单击【账簿】→【分析表】，然后双击【价值结构分析表】，打开【价值结构分析表】窗口，即可查询价值结构分析表，如图 7-33 所示。

使用单位:蓝星股份有限公司 期间: 2023.01 价值结构分析表								
资产类别	数量	计量单位	期末原值	期末累计折旧	期末减值准备	期末净值	累计折旧占原值百分比%	减值准备原值百分比%	净值率%
房屋及建筑物(01)	2		431,000.00	27,407.70		403,592.30	6.36		93.64
办公楼(011)	1		206,000.00	25,585.20		180,414.80	12.42		87.58
厂房(012)	1		225,000.00	1,822.50		223,177.50	0.81		99.19
机器设备(02)	4		181,000.00	15,592.50		165,407.50	8.61		91.39
生产线(021)	2		165,000.00	12,514.50		152,485.50	7.58		92.42
办公设备(022)	2		16,000.00	3,078.00		12,922.00	19.24		80.76
合计	6		612,000.00	43,000.20		568,999.80	7.03		92.97

图 7-33　【价值结构分析表】窗口

11. 减少固定资产

（1）单击【业务导航】→【财务会计】→【固定资产】→【资产处置】→【资产减少】，打开【资产减少】窗口。在【卡片编号】栏录入"00005"，单击【增加】按钮，双击【减少方式】栏，打开【固定资产减少方式】窗口，选择"捐赠转出"所在行，如图 7-34 所示，单击【确定】按钮。

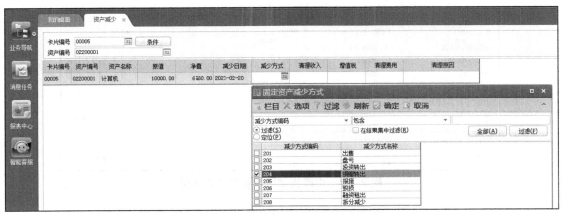

图 7-34 选中【204 捐赠转出】

（2）系统提示"所选卡片已经减少成功!"，单击【确定】按钮。

12. 固定资产变动

（1）单击【业务导航】→【财务会计】→【固定资产】→【变动单】→【折旧方法调整】，打开【固定资产变动单】窗口。

（2）在【卡片编号】栏录入"00004"，单击【变动后折旧方法】，选择"工作量法"，单击【确定】按钮，打开【工作量输入】对话框。输入工作总量"60 000"，累计工作量"1 000"，工作量单位"小时"，如图 7-35 所示。

图 7-35 输入工作量

13. 批量制单

（1）单击【业务导航】→【财务会计】→【固定资产】→【凭证处理】→【批量制单】，打开【批量制单】窗口。在【制单选择】选项卡中，单击【全选】按钮，或双击【制单】栏，选中要制单的业务，如图 7-36 所示。

图 7-36 选中要制单的业务

（2）打开【制单设置】选项卡，单击【凭证】，生成第一张记账凭证，修改凭证类别为"转账凭证"，在第一三行摘要栏录入"将计算机捐赠给希望工程"，单击【保存】按钮，生成的凭证如图 7-37 所示。单击【退出】按钮退出。

图 7-37 生成捐赠固定资产转账凭证

 学思小课堂

固定资产管理的小妙招

一、健全采购制度，购置前对设备的可行性、必要性、实用性等进行分析，杜绝盲目采购，减少闲置浪费。

二、确保固定资产管理制度严密、科学。要进行反复的论证、测试，使各项固定资产管理制度前后对应、上下衔接、具有时效，既要防止制度"一概而论"管得过死，又要防止制度"笼而统之"无法操作，实现固定资产管理有章可循、有规可依。

三、建立固定资产日常维护制度，实行岗位责任制，指定专人管理，明确责任，对违反操作规程造成的损坏要进行追责。

四、建立内部调拨制度，对闲置或使用效率低的固定资产予以合理的调配，以部门为单位，将每个部门闲置的资产及时登记并上报，统一调配，这样能防止浪费，提高固定资产使用效率。

五、定期清查固定资产，应于每年年中、年末对固定资产进行全面的清查。清查结果记录在固定资产盘点表中，实地清查结束后，将清查内容同固定资产条形码相核对，如发现差异或固定资产已处于不能正常使用状态，应由固定资产使用部门负责审查其原因并及时进行处理。

六、加强业务学习和培训，提高固定资产管理人员素质，增强固定资产管理人员的责任感；相关人员应加强学习，做到活学活用，学以致用，在实际工作中严格执行相关规章制度，运用制度去解决问题，积极营造"固定资产管理，人人有责"的良好氛围。

项目总结评价

本项目主要学习固定资产系统初始化、日常业务处理的内容和操作方法，工作流程可总结为六个步骤：启用固定资产管理系统—建立固定资产账套—基础信息设置—原始卡片录入—与财务对账—日常业务处理。

学生自评表

评价项目	质量要求	评价等级（A/B/C/D）
完成任务时间	在规定时间内完成任务 7.1～任务 7.2	
任务完成质量	所有任务均按照要求完成，操作方法得当	

续表

评价项目	质量要求	评价等级 （A/B/C/D）
技能掌握情况	熟练掌握参数设置、固定资产卡片登记、计提折旧等操作步骤及方法	
团队协作情况	有效合作、有效沟通、目标一致完成小组任务	
语言表达能力	汇报思路清晰，内容介绍完整，回答问题正确	

教师评价表

评价项目	质量要求	评价等级 （A/B/C/D）
课前预习情况	通过自主学习（如查阅资料、观看视频）获得相关知识	
学习态度	积极主动学习获得相关知识，回答问题积极	
沟通协作	有效合作、有效沟通、目标一致完成小组任务	
展示汇报	汇报思路清晰，内容介绍完整，操作熟练，回答问题正确	
操作规范	对信息综合分析处理恰当　按照工作流程完成任务操作	
技能掌握情况	熟练掌握系统基础信息设置、固定资产卡片管理、计提折旧和信息统计分析等操作步骤及方法	
职业道德	牢固树立安全意识、团队合作意识和责任担当意识	

注：评价等级统一采用 A（优秀）/B（良好）/C（合格）/D（不合格）四档。

薪资管理系统业务处理

项目概述

　　薪资管理系统以职工个人的工资原始数据为基础，计算应发工资、扣款合计和实发工资等，编制工资结算单，按部门和人员类别进行汇总，进行个人所得税计算；提供查询和分析工资相关数据的多种方式，进行工资费用分配与计提，并实现自动转账处理。本项目主要引导学生认知薪资管理的意义，熟悉薪资管理的工作内容，明确薪资管理在用友 ERP-U8 管理系统中的地位，掌握薪资管理系统的初始化设置、薪资变动及分摊设置、薪资分摊账务处理及薪资管理系统期末处理等操作。

学习目标

1. 掌握薪资管理系统的初始化设置及工资类别管理的方法。
2. 掌握薪资变动及分摊设置的方法。
3. 掌握薪资分摊账务处理的方法。
4. 掌握薪资管理系统结账的方法。
5. 掌握薪资管理系统账表查询的方法。
6. 践行社会主义核心价值观，树立依法纳税的意识。

业务处理流程

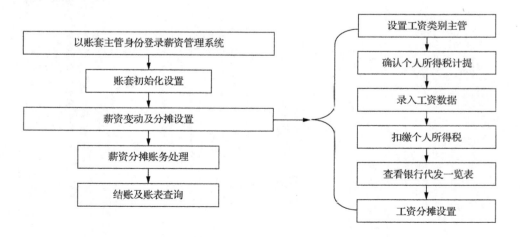

薪资管理是在组织发展战略指导下，对员工薪酬支付原则、薪酬策略、薪酬水平、薪酬结构、薪酬构成进行确定、分配和调整的电子化动态管理。它是所有单位会计核算中最基本的业务之一。

蓝星公司在日常工作中运用用友 ERP-U8 V15.0 对企业的薪资进行管理。薪资管理的主要任务是：及时计算职员工资，正确计提和分配工资费用，同时对相关的总账和明细账进行登记。

薪资管理系统可以支持多种自定义项目，满足不同企业的管理需求。财务人员可以自定义各种基本项目，如基本工资、保险系数、税金计算公式等，可以直接按照提前设定好的项目计算工资，系统自动按照设定好的计算公式进行实发工资的计算。

薪资管理系统具有严谨的权限设置，可以保证数据的安全。例如通过权限设置，可以让不同财务人员录入、发放不同员工的工资。工资表的数值只有创建者可以修改，其他人员无权修改。

企业的薪资费用是产品成本的重要组成部分，蓝星公司通过加强薪资管理，可以有效控制薪资费用在成本中的比例，有效地降低产品成本。

那么，在使用薪资管理系统的过程中我们该如何进行初始化设置？如何进行薪资的发放和个人所得税的计算呢？本项目将为我们解决这些问题。

课前任务

1. 观看教学视频，熟悉薪资管理系统初始化设置、日常业务处理及期末处理等操作。
2. 讨论分析薪资管理对企业的必要性是什么。

学习任务

任务8.1　薪资管理系统初始化设置

【任务书】

（1）建立工资账套。

工资核算本位币为人民币；自动代扣个人所得税；进行扣零设置且扣零到元。工资类别分为"在岗人员"和"退休人员"，在岗人员分布在各个部门，而退休人员只属于人事处。

（2）设置人员附加信息，包括性别、学历、身份证号、公积金号。

（3）设置工资项目，如表8-1所示。

表8-1　　　　　二资项目情况

工资项目名称	类型	长度	小数	增减项
基本工资	数字	8	2	增项
职务补贴	数字	8	2	增项
福利补贴	数字	8	2	增项
交通补贴	数字	8	2	增项

续表

工资项目名称	类型	长度	小数	增减项
奖金	数字	8	2	增项
住房公积金	数字	8	2	减项
缺勤扣款	数字	8	2	减项
缺勤天数	数字	8	0	其他

（4）设置银行档案。银行名称为"中国建设银行南阳分行"，账号长度为 11 位。

（5）设置工资类别及工资项目。在岗人员的工资项目包括所有工资项目，退休人员只有基本工资一个项目。

（6）设置在岗人员档案，如表 8-2 所示。

表 8-2 在岗人员档案

职员编号	人员姓名	性别	学历	所属部门	人员类别	个人信息号
001	刘起	男	本科	人事处	企业管理人员	银行代发账号：11022033001 身份证号：210102196901146739 公积金号：035033221
002	李明	男	本科	财务处	企业管理人员	银行代发账号：11022033002 身份证号：210102197302146751 公积金号：035033222
003	王芳	女	本科	财务处	企业管理人员	银行代发账号：11022033003 身份证号：210102197503146764 公积金号：035033223
004	马林	女	本科	财务处	企业管理人员	银行代发账号：11022033004 身份证号：210102198508146729 公积金号：035033224
005	张凯	男	本科	采购部	经营人员	银行代发账号：11022033005 身份证号：210102198201146733 公积金号：035033225
006	刘佳	女	大专	销售一科	经营人员	银行代发账号：11022033006 身份证号：210102198812146747 公积金号：035033226
007	肖峰	男	本科	销售二科	经营人员	银行代发账号：11022033007 身份证号：210102198607146752 公积金号：035033227
008	武刚	男	大专	生产部	车间管理人员	银行代发账号：11022033008 身份证号：210102197701146738 公积金号：035033228
009	张庆宇	男	高中	生产部	生产工人	银行代发账号：11022033009 身份证号：210102198801146739 公积金号：035033229

（7）设置计算公式。

$$缺勤扣款 = 基本工资 / 22 \times 缺勤天数$$

$$住房公积金 = （基本二资 + 职务补贴 + 福利补贴 + 交通补贴 + 奖金）\times 0.08$$

企业管理人员和经营人员的交通补贴为 200 元，其他人员的交通补贴为 60 元。

【工作准备】

1. 启用薪资管理系统

进入用友 ERP-U8 V15.0 系统，要先启动人力资源薪资管理系统才可以进行薪资管理系统初始化操作。使用计算机进行薪资核算之前，需要对薪资管理系统进行初始化设置。

2. 建账

在使用薪资管理系统之前，应先在系统管理中建立账套，并且在建立账套之后或者在企业门户中已经启用薪资管理系统，否则不可以启用薪资管理系统。

工资账套不同于企业核算账套。企业核算账套是在系统管理中建立的，主要是针对整个用友 ERP-U8 V15.0 系统而言的，而工资账套只针对用友 ERP-U8 V15.0 系统中的薪资管理系统，也就是说工资账套是企业核算账套的一部分。

在建账过程中，需要设置的薪资管理系统的内容包括工资类别的个数以及币种、是否核算计件工资、是否从工资中代扣个人所得税、是否进行扣零处理、人员编码的长度。

3. 设置人员附加信息

每个企业对人员档案所包含的信息的要求不同。薪资管理系统不仅包含了人员档案管理的基本功能，还包含了设置人员附加信息的功能，这更有利于企业有效地管理员工。

在设置人员附加信息时，若薪资管理系统所提供的相关人员的基本信息不能满足实际要求，必须在【人员附加信息设置】对话框中增加人员附加信息，才可以完成此项操作。

4. 设置计算公式

定义公式时，可以使用函数参照输入，函数公式导向输入，工资项目参照、部门参照和人员类别参照编辑输入。定义公式时，函数公式导向只支持系统所提供的函数。

【任务处理】

1. 系统启用和建立工资账套

（1）进入企业应用平台，单击【业务导航】→【基础设置】→【基本信息】→【系统启用】，打开【系统启用】对话框，勾选【薪资管理】复选框，如图 8-1 所示。

操作视频

系统启用和建立
工资账套

图 8-1　【系统启用】对话框

　　（2）重新进入企业应用平台，单击【业务导航】→【人力资源】→【薪资管理】→【设置】→【选项】，打开【建立工资套】对话框，选中【多个】单选按钮，如图8-2所示。单击【下一步】按钮，勾选【是否从工资中代扣个人所得税】复选框（见图8-3）。单击【下一步】按钮，勾选【扣零】复选框，选中【扣零至元】单选按钮，如图8-4所示。继续单击【下一步】按钮，单击【完成】按钮，如图8-5所示，完成建立工资账套的过程。

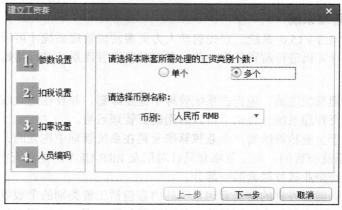

图8-2　参数设置

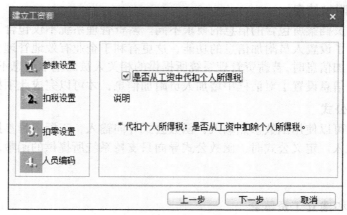

图8-3　扣税设置

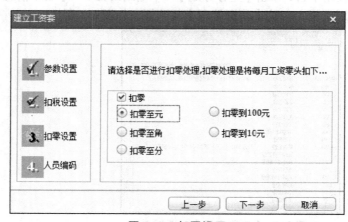

图8-4　扣零设置

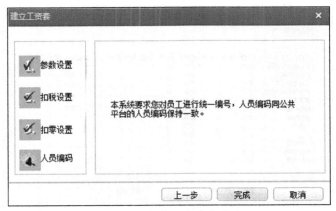

图 8-5　完成工资账套建立

2. 设置人员附加信息

进入企业应用平台，单击【业务导航】→【人力资源】→【薪资管理】→
【设置】→【人员附加信息设置】，打开【人员附加信息设置】对话框。单击
【增加】按钮，然后单击【栏目参照】栏的下拉按钮，选择"性别"，如图 8-6
所示。同理，增加"学历""身份证号""公积金号"，人员附加信息设置完成
界面如图 8-7 所示。

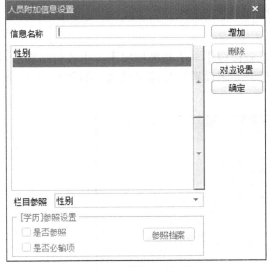

图 8-6　增加"性别"

图 8-7　人员附加信息设置完成界面

3. 设置工资项目

（1）进入企业应用平台，单击【业务导航】→【人力资源】→【薪资管理】→【设置】→
【工资项目设置】，打开【工资项目设置】对话框。单击【增加】按钮，在【名称参照】下拉列
表中选择"基本工资"，默认类型为"数字"，小数为"2"，增减项为"增项"。用此方法继续增
加其他的工资项目，工资项目设置完成界面如图 8-8 所示。

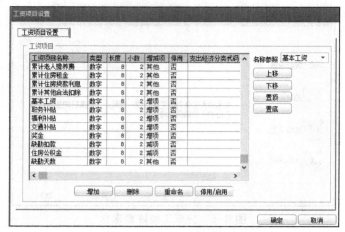

图 8-8　工资项目设置完成界面

（2）单击【确定】按钮，系统提示"工资项目已经改变，请确认各工资类别的公式是否正确。否则计算结果可能不正确"（见图 8-9），单击【确定】按钮。

图 8-9　确认工资类别公式提示信息

4. 设置银行档案

进入企业应用平台，单击【业务导航】→【基础设置】→【基础档案】→【收付结算】→【银行档案】，进入【增加银行档案】对话框。按任务要求设置银行档案信息，如图 8-10 所示，然后依次单击【保存】和【退出】按钮。

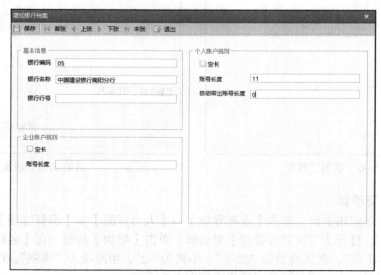

图 8-10　设置银行档案

5．设置工资类别

（1）进入企业应用平台，单击【业务导航】→【人力资源】→【薪资管理】→【工资类别】→【新建工资类别】，打开【新建工资类别】对话框，输入工资类别名称"在岗人员"，如图 8-11 所示。

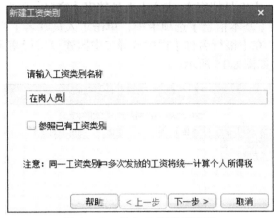

图 8-11　输入工资类别名称

（2）单击【下一步】按钮，选中各部门，也可单击【选定全部部门】按钮，如图 8-12 所示。

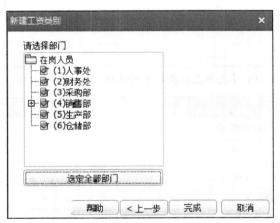

图 8-12　选择在岗人员所在部门

（3）单击【完成】按钮，系统询问"是否以 2023-01-01 为当前工资类别的启用日期？"，如图 8-13 所示，单击【是】按钮返回。

图 8-13　设置启用日期

（4）以同样的方法建立"退休人员"工资类别。

6. 设置在岗人员档案

（1）进入企业应用平台，单击【业务导航】→【人力资源】→【工资类别】→【打开工资类别】，打开【打开工资类别】对话框，如图 8-14 所示。选择"在岗人员"工资类别，单击【确定】按钮。单击【设置】→【人员档案】，进入【人员档案】窗口。单击【增加】按钮，打开【人员档案明细】对话框。在【基本信息】选项卡中，单击【人员姓名】栏的参照按钮，选择"刘起"，出现其他相关信息，在【银行名称】栏中选择"中国建设银行南阳分行"，在【银行账号】栏输入"11022033001"，如图 8-15 所示。

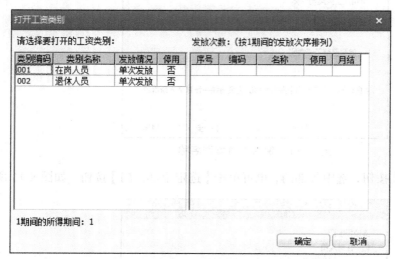

图 8-14 【打开工资类别】对话框

操作视频

设置在岗人员档案
和工资类别的工资
项目

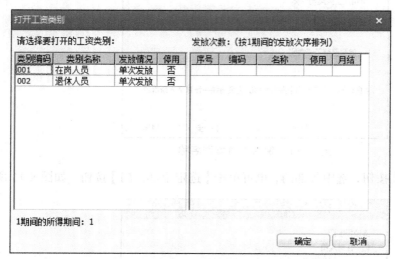

图 8-15 输入基本信息

（2）单击【附加信息】选项卡，在【性别】栏输入"男"，在【学历】栏输入"本科"，在【身份证号】栏输入"210102196901146739"，在【公积金号】栏输入"035033221"，如图 8-16 所示。

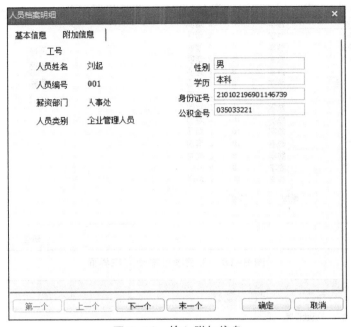

图 8-16　输入附加信息

（3）单击【确定】按钮，继续输入其他在岗人员档案，输入完成后如图 8-17 所示。单击【退出】按钮。

人员档案

选择	薪资部门名称	工号	人员编号	人员姓名	人员类别	账号	属民	是否计税	工资停发	核算计件工资	现金发放	初加进入日期	离开日期	最新计税日期	性别	学历	身份证号	公积金号
	人事处		001	刘起	企业管理人员	11022C33001	是	是	否	否	否				男	本科	2101021969011	035033221
	财务处		002	李明	企业管理人员	11022C33002	是	是	否	否	否				男	本科	2101021973021	035033222
	财务处		003	王芳	企业管理人员	11022C33003	是	是	否	否	否				女	本科	2101021975031	035033223
	财务处		004	马林	经营人员	11022C33004	是	是	否	否	否				女	本科	2101021985081	035033224
	采购部		005	钱鹏	经营人员	11022C33005	是	是	否	否	否				男	本科	2101021982018	035033225
	销售一科		006	刘佳	经营人员	11022C33006	否	是	否	否	否				女	大专	2101021988121	035033226
	销售二科		007	周峰	经营人员	11022C33007	否	是	否	否	否				男	本科	2101021988011	035033227
	生产部		008	武刚	车间管理人员	11022C33008	是	是	否	否	否				男	大专	2101021977011	035033228
	生产部		009	张庆宇	生产工人	11022C33009	是	是	否	否	否				男	高中	2101021988011	035033229

图 8-17　人员档案输入完成界面

7. 设置在岗人员工资类别的工资项目

进入企业应用平台，单击【业务导航】→【人力资源】→【薪资管理】→【设置】→【工资项目设置】，打开【工资项目设置】对话框。单击【增加】按钮，再单击【名称参照】栏的下拉按钮，选择"基本工资"，月此方法继续增加其他的工资项目。选择"基本工资"，单击【上移】按钮，将"基本工资"移动到第一行。以此方法继续将其他工资项目移到相应的位置，移动完成后的界面如图 8-18 所示。

8. 设置缺勤扣款和住房公积金的计算公式

（1）在【工资项目设置】对话框中打开【公式设置】选项卡，单击【增加】按钮，从下拉列表中选择"缺勤扣款"工资项目。在【缺勤扣款公式定义】区域，设置公式为"基本工资/22*缺勤天数"，如图 8-19 所示，单击【公式确认】按钮。

操作视频

公式设置

179

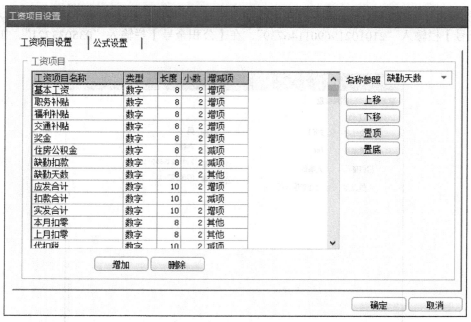

图 8-18　工资项目移动完成界面

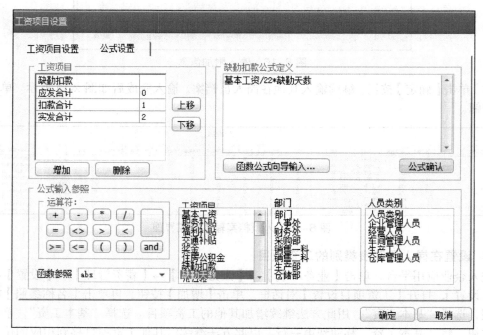

图 8-19　设置缺勤扣款的计算公式

（2）用此种方法设置住房公积金计算公式，设置完成界面如图 8-20 所示。

9. 设置交通补贴的计算公式

（1）在【公式设置】选项卡中，单击【增加】按钮，在下拉列表中选择"交通补贴"，单击
【函数公式向导输入】按钮，打开【函数向导——步骤之 1】对话框。选择【函数名】列表框中
的"iff"，如图 8-21 所示。

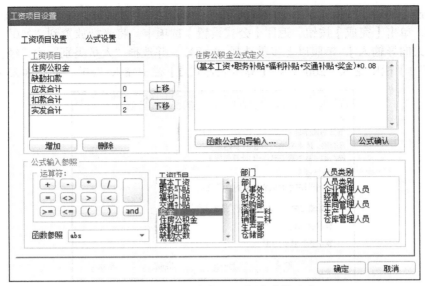

图 8-20　设置住房公积金的计算公式

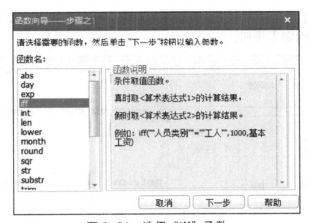

图 8-21　选择 "iff" 函数

（2）单击【下一步】按钮，打开【函数向导——步骤之 2】对话框。单击【逻辑表达式】栏的参照按钮，打开【参照】对话框。单击【参照列表】栏的下拉按钮，选择 "人员类别"下的 "企业管理人员"，如图 8-22 所示。

图 8-22　选择 "人员类别"

（3）单击【确定】按钮，返回【函数向导——步骤之2】对话框，在【算术表达式1】栏中输入"200"，单击【完成】按钮，返回【公式设置】选项卡。将光标放置到"200"后，继续单击【函数公式向导输入】，参照以上步骤选择 iff 函数，并选择"人员类别"为"经营人员"，在【算术表达式1】栏中输入"200"，在【算术表达式2】栏中输入"60"，如图 8-23 所示。

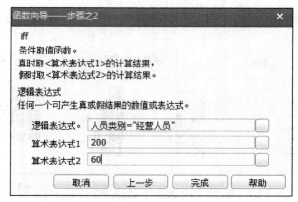

图 8-23　录入公式

（4）单击【完成】按钮返回【公式设置】选项卡，最终公式定义如图 8-24 所示，依次单击【公式确认】和【确定】按钮。

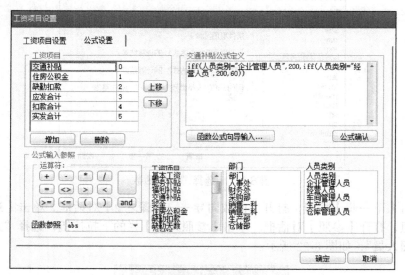

图 8-24　交通补贴的公式设置完成界面

【课堂研讨】

工资类别都有哪些？

任务 8.2　薪资变动及分摊设置

【任务书】

（1）录入并计算 2023 年 1 月工资数据，如表 8-3 所示。

表 8-3　　　　　　　　　　　　　　2023 年 1 月工资数据　　　　　　　　　　　　金额单位：元

职员编号	人员姓名	基本工资	职务补贴	福利补贴	奖金	缺勤天数
001	刘起	5 000	1 000	100	400	
002	李明	4 300	750	100	400	
003	王芳	3 800	500	100	400	
004	马林	4 300	500	100	400	
005	张凯	3 500	450	100	600	
006	刘佳	3 500	450	100	600	
007	肖峰	3 500	450	100	600	
008	武刚	4 000	500	100	550	
009	张庆宇	3 200		100	500	3

（2）按实发工资扣除 5 000 元后的全额扣缴个人所得税。

（3）设置工资分摊的类型及福利费计提标准：工资分摊的类型分为"应付工资"和"应付福利费"；按工资总额的 14% 计提福利费。

（4）设置工资分摊类型，如表 8-4 所示。

表 8-4　　　　　　　　　　　　　工资分摊类型相关信息

分摊类型	部门名称	人员类别	借方科目	贷方科目
应付工资	人事处、财务处	企业管理人员	管理费用——工资（660203）	应付职工薪酬——应付工资（221101）
	采购部、销售一科、销售二科	经营人员	销售费用（6601）	
	仓储部	仓库管理人员	制造费用（5101）	
	生产部	生产工人	生产成本（500102）	
应付福利费	人事处、财务处	企业管理人员	管理费用——工资（660203）	应付职工薪酬——应付福利费（221102）
	采购部、销售一科、销售二科	经营人员	销售费用（6601）	
	仓储部	仓库管理人员	制造费用（5101）	
	生产部	生产工人	生产成本（500102）	

【工作准备】

1. 更改系统日期

将系统日期改为 2023 年 1 月 31 日。

2. 工资变动

首次使用薪资管理系统必须把全部人员的基本工资数据输入系统，每个月工资数据发生的变动也在系统中进行调整，例如录入奖金、扣款信息等。在处理工资变动之前，要先设置好工资项目和计算公式。输入工资数据之后，要对工资进行计算与汇总，系统会自动计算每位职工的应发工资与实发工资。

3. 个人所得税申报

个人所得税是对个人所得征收的一种税。每月月末，财务处要计算应代扣的个人所得税，并纳税申报。系统提供的仅是对工资薪金所得应缴纳的个人所得税的申报。对许多企业，计算个人所得税的工作量大，系统提供了个人所得税的自动计算功能，这样不仅减轻了用户的工作负担，还提高了工作效率。个人所得税申报表项目只可根据系统提供的项目进行选择，不能由用户自定义项目。

【任务处理】

操作视频

薪资变动及分摊设置

1. 设置工资类别主管

进入企业应用平台，单击【业务导航】→【系统服务】→【权限】→【数据权限分配】，选择左侧列表中的"王芳"，单击【业务对象】栏的下拉按钮，选择"工资权限"。单击【授权】按钮，打开【记录权限设置】对话框，勾选【工资类别主管】复选框，单击【保存】按钮，如图 8-25 所示。

图 8-25　设置工资类别主管

2. 确认个人所得税计提

进入企业应用平台，单击【业务导航】→【人力资源】→【薪资管理】→【工资类别】→【打开工资类别】，进入【打开工资类别】对话框，选择"在岗人员"工资类别，单击【确定】按钮。然后单击【业务导航】→【人力资源】→【薪资管理】→【设置】→【选项】，打开【扣税设置】选项卡，单击【编辑】按钮，从下拉列表中选择"实发合计"，单击右侧的【税率设置】按钮，打开【个人所得税申报表—税率表】对话框，查看【基数】栏是否为"5 000"，如是则单击【确定】按钮。

3. 录入并计算 1 月的工资数据

（1）单击【业务导航】→【人力资源】→【薪资管理】→【业务处理】→【工资变动】，进入【工资变动】窗口。依次单击【全选】和【替换】按钮，打开【工资项数据替换】对话框。将工资项目中的"福利补贴"替换成"100"，如图 8-26 所示。单击【确定】按钮，系统询问"数据替换后将不可恢复，是否继续？"，单击【是】按钮，系统继续询问"9 条记录被替换，是否重新计算？"，如图 8-27 所示，单击【是】按钮。

图 8-26　替换工资项数据

图 8-27　系统询问信息

（2）分别输入其他工资项目内容，依次单击【计算】和【汇总】，计算全部工资项目，如图 8-28 所示。

选择	工号	人员编号	姓名	部门	人员类别	应发合计	扣款合计	实发合计	本月扣率	上月扣零	代扣税	年终奖	年终代扣税	工资代扣额	实发合计	基本工资	职你补贴	福利补贴	交通补贴	奖金	住房公积金	缺勤扣款
		301	刘铭	人事处	企业管理人员	6,700.00	570.92	6,120.00	9.38		34.92			34.92	34.92	5,000.00	1,000.00	100.00	200.00	400.00	536.00	
		002	李明	财务处	企业管理人员	5,750.00	468.70	5,280.00	1.30		8.70			8.70	8.70	4,300.00	750.00	100.00	200.00	400.00	460.00	
		002	王芳	财务处	企业管理人员	5,000.00	400.00	4,600.00								3,800.00	500.00	100.00	200.00	400.00	400.00	
		004	马林	财务处	企业管理人员	5,500.00	441.80	5,050.00	820		1.80			1.80	1.80	4,300.00	500.00	100.00	200.00	400.00	440.00	
		005	张凯	采购部	经营人员	4,850.00	388.30	4,460.00	200							3,500.00	450.00	100.00	200.00	600.00	388.00	
		006	刘佳	销售一科	经营人员	4,850.00	388.00	4,460.00	200							3,500.00	450.00	100.00	200.00	600.00	388.00	
		007	尚峰	销售二科	经营人员	4,850.00	388.00	4,460.00	200							3,500.00	450.00	100.00	200.00	600.00	388.00	
		008	武阳	生产部	车间管理人员	5,210.00	416.80	4,790.00	520							4,000.00	500.00	100.00	60.00	500.00	416.80	
		009	张庆宇	生产部	生产工人	3,860.00	745.16	3,110.00	4.84							3,200.00		100.00	60.00	500.00	308.80	436.36
合计						46,570.00	4,207.38	42,330.00	汇.62		45.42			45.42	45.42	35,100.00	4,600.00	900.00	1,520.00	4,450.00	3,725.60	436.36

图 8-23　汇总计算全部工资项目

4. 扣缴个人所得税

单击【业务导航】→【人力资源】→【薪资管理】→【业务处理】→【扣缴所得税】，打开【个人所得税申报模板】对话框。选择"个人所得税年度申报表"，单击【打开】按钮，进入【所得税申报】窗口。系统扣缴个人所得税年度申报表如图 8-29 所示。

系统扣缴个人所得税年度申报表
2023年1月 - 2023年1月

姓名	证件号码	所得项目	所属期起始	所属期终止	收入额	费用减除额	应纳税所得额	税率	速算扣除数	应补税额	已扣缴税额
刘铭		工资	20230101	20231231			1164.00	3	0.00	34.92	34.92
李明		工资	20230101	20231231			290.00	3	0.00	8.70	8.70
王芳		工资	20230101	20231231			0.00	0	0.00	0.00	
马林		工资	20230101	20231231			60.00	3	0.00	1.80	1.80
张凯		工资	20230101	20231231			0.00	0	0.00	0.00	
刘佳		工资	20230101	20231231			0.00	0	0.00	0.00	
尚峰		工资	20230101	20231231			0.00	0	0.00	0.00	
武阳		工资	20230101	20231231			0.00	0	0.00	0.00	
张庆宇		工资	20230101	20231231			0.00	0	0.00	0.00	
合计							1514.00		0.00	45.42	45.42

图 8-29　系统扣缴个人所得税年度申报表

5. 查看银行代发一览表

单击【业务导航】→【人力资源】→【薪资管理】→【业务处理】→【银行代发】，打开【银行文件格式设置】对话框，如图 8-30 所示，单击【确定】按钮，系统弹出"确认设置的银行文件格式？"提示，单击【是】按钮。

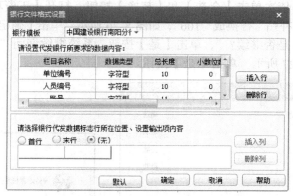

图 8-30 【银行文件格式设置】对话框

6. 工资分摊设置

单击【业务导航】→【人力资源】→【薪资管理】→【设置】→【分摊类型设置】，打开【分摊类型设置】对话框。单击【增加】按钮，录入表 8-4 中应付工资分摊类型相关信息和应付福利费分摊类型相关信息，如图 8-31 和图 8-32 所示。

分摊类型设置

分摊类型编码* 1 分摊类型名称* 应付工资
分摊比例%* 100 凭证类别字

部门名称	人员类别	工资项目	借方科目	借方项目大类	借方项目	贷方科目	贷方项目大类	贷方项目
人事处 财务处	企业管理人员	应发合计	660203			221101		
采购部 销售一	经营人员	应发合计	6601			221101		
生产部	生产工人	应发合计	500102			221101		
仓储部	仓库管理人员	应发合计	5101			221101		

图 8-31 录入应付工资分摊类型

分摊类型设置

分摊类型编码* 2 分摊类型名称* 应付福利费
分摊比例%* 14 凭证类别字

部门名称	人员类别	工资项目	借方科目	借方项目大类	借方项目	贷方科目	贷方项目大类	贷方项目
人事处 财务处	企业管理人员	应发合计	660203			221102		
采购部 销售一	经营人员	应发合计	6601			221102		
生产部	生产工人	应发合计	500102			221102		
仓储部	仓库管理人员	应发合计	5101			221102		

图 8-32 录入应付福利费分摊类型

【课堂研讨】

工资分摊的类别有哪些?

任务8.3　薪资分摊账务处理

【任务书】

分摊工资并生成转账凭证。

【任务处理】

（1）单击【业务导航】→【人力资源】→【薪资管理】→【业务处理】→【工资分摊】，打开【工资分摊】对话框，分别勾选【应付工资】和【应付福利费】复选框，并选中【分配到部门】单选按钮，勾选【明细到工资项目】复选框，如图 8-33 所示。

图 8-33　进行工资分摊

（2）单击【确定】按钮，进入【应付工资一览表】窗口，如图 8-34 所示。

部门名称	人员类别	应发合计		
		分配金额	借方科目	贷方科目
人事处	企业管理人员	5200.00	6602	221101
财务处		1175■.00	6602	221101
采购部		3350.00	6601	221101
销售一科	经营人员	3350.00	6601	221101
销售二科		3350.00	6601	221101
生产部	生产工人	2360.00	500102	221101

☐ 合并科目相同、辅助项相同的分录
类型 应付工资

应付工资一览表

图 8-34　应付工资一览表

（3）勾选【合并科目相同、辅助项相同的分录】复选框，单击【制单】按钮，选择凭证类别为"转账凭证"，单击【保存】按钮，结果如图 8-35 所示。

（4）返回【应付工资一览表】窗口，单击【类型】栏的下拉按钮，选择"应付福利费"，生成应付福利费分摊转账凭证，如图 8-36 所示。

图 8-35　应付工资分摊转账凭证

图 8-36　应付福利费分摊转账凭证

任务 8.4　薪资管理系统结账及账表查询

【任务书】

月末结账处理及账表查询。

操作视频

薪资管理系统结账及账表查询

【任务处理】

1. 月末结账处理

（1）单击【业务导航】→【人力资源】→【薪资管理】→【业务处理】→【月末处理】，打开【月末处理】对话框（见图 8-37）。单击【确定】按钮，系统询问"月末处理之后，本月工资将不许变动！继续月末处理吗？"，如图 8-38 所示。

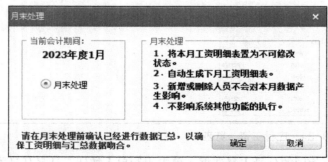

图 8-37　【月末处理】对话框

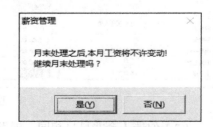

图 8-38　系统询问信息

（2）单击【是】按钮，系统询问"是否选择清零项？"，如图 8-39 所示。单击【否】按钮，系统提示"月末处理完毕！"，如图 8-40 所示，然后单击【确定】按钮。

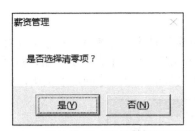

图 8-39 系统询问"是否选择清零项?" 图 8-40 系统提示"月末处理完毕!"

2. 查看工资发放条

(1)单击【业务导航】→【人力资源】→【薪资管理】→【统计分析】→【账表】→【工资表】,打开【工资表】对话框,选择"工资发放条",如图 8-41 所示。单击【查看】按钮,打开【选择分析部门】对话框,勾选各个部门并勾选【选定下级部门】复选框,如图 8-42 所示。

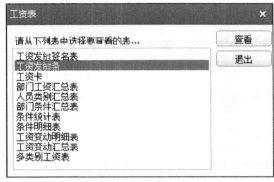

图 8-41 选择"工资发放条"

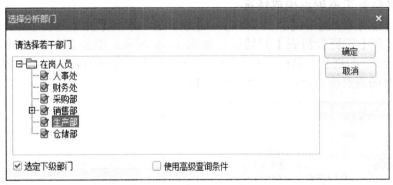

图 8-42 选择分析部门

(2)单击【确定】按钮,进入【工资发放条】窗口,如图 8-43 所示。

人员编号	姓名	应发合计	扣款合计	实发合计	本月扣零	上月扣零	代扣税	代扣税	年终奖	年终奖代扣税	工资代扣税	扣款合计	年终奖代付税	工资代付税	基本工资	职务补贴	福利补贴	交通补贴	奖金	住房公积金	薪酬扣款
001	刘超	6,700.00	570.92	6,120.00	9.08			34.92			34.92	34.92			5,000.00	1,000.00	100.00	200.00	400.00	536.00	
002	李明	5,750.00	468.70	5,280.00	1.30			8.70			8.70	8.70			4,300.00	750.00	100.00	200.00	400.00	460.00	
003	王页	5,000.00	400.00	4,600.00											3,800.00	500.00	100.00	200.00	400.00	400.00	
004	马林	5,500.00	441.80	5,050.00	8.20			1.80			1.80	1.80			4,300.00	500.00	100.00	200.00	400.00	400.00	
005	陈晨	4,850.00	388.00	4,460.00	2.00										3,500.00	450.00	100.00	200.00	600.00	388.00	
006	刘佳	4,850.00	388.00	4,460.00	2.00										3,500.00	450.00	100.00	200.00	600.00	388.00	
007	肖娜	5,210.00	416.80	4,790.00	3.20										4,000.00	500.00	100.00	60.00	550.00	416.80	
008	武阳	4,850.00	388.00	4,460.00	2.00										3,200.00	500.00	100.00	60.00	500.00	308.80	436.36
009	张庆宇	3,860.00	745.16	3,110.00	4.84			45.42	3.90		45.42	45.42	0.00		3,200.00		100.00	60.00	500.00	308.80	436.36
合计		46,570.00	4,207.38	42,330.00	32.62	0.00	45.42	3.90	0.00	0.00	45.42	45.42	0.00		35,100.00	4,600.00	900.00	1,520.00	4,450.00	3,725.60	436.36

图 8-43 工资发放条

3. 查看部门工资汇总表

（1）单击【业务导航】→【人力资源】→【薪资管理】→【统计分析】→【账表】→【工资表】，打开【工资表】对话框。选择"部门工资汇总表"，单击【查看】按钮，打开【部门工资汇总表】对话框。勾选各个部门和【选定下级部门】复选框，单击【确定】按钮，如图 8-44 所示。

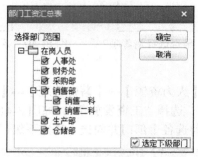

图 8-44 选择工资汇总表部门

（2）进入【部门工资汇总表】窗口，如图 8-45 所示。

部门工资汇总表
2023 年 1 月

部门	人数	应发合计	扣款合计	实发合计	本月扣零	上月扣零	代扣税	代付税	年终奖	年终奖代扣税	工资代扣税	扣款合计	年终奖代付税	工资代付税	基本工资	职务补贴	福利补贴	交通补贴	奖金	住房公积金	缺勤扣款	缺勤天数
人事处	1	6,700.00	570.92	6,120.00	9.08		34.92				34.92	34.92			5,000.00	1,000.00	100.00	200.00	400.00	536.00		
财务处	3	16,250.00	1,310.50	14,930.00	9.50		10.50				10.50	10.50			12,000.00	1,750.00	300.00	600.00	1,200.00	1,300.00		
采购部	1	4,850.00	388.00	4,460.00	2.00										3,500.00	450.00	100.00	200.00	600.00	388.00		
销售部	2	9,700.00	776.00	8,920.00	4.00										7,000.00	900.00	200.00	400.00	1,200.00	776.00		
销售一科	1	4,850.00	388.00	4,460.00	2.00										3,500.00	450.00	100.00	200.00	600.00	388.00		
销售二科	1	4,850.00	388.00	4,460.00	2.00										3,500.00	450.00	100.00	200.00	600.00	388.00		
生产部	2	9,070.00	1,161.96	7,900.00	8.04										7,200.00	500.00	200.00	120.00	1,050.00	725.60	436.36	3
仓储部	0																					
合计	9	46,570.00	4,207.38	42,330.00	32.62		45.42				45.42	45.42			35,100.00	4,600.00	900.00	1,520.00	4,450.00	3,725.60	436.36	3

图 8-45 部门工资汇总表

4. 查看财务处工资项目构成情况

（1）单击【业务导航】→【人力资源】→【薪资管理】→【统计分析】→【账表】→【工资分析表】，打开【工资分析表】对话框，如图 8-46 所示。单击【确定】按钮，打开【选择分析部门】对话框，勾选各个部门，单击【确定】按钮，打开【分析表选项】对话框。单击【>>】按钮，选中所有的薪资项目内容，结果如图 8-47 所示。

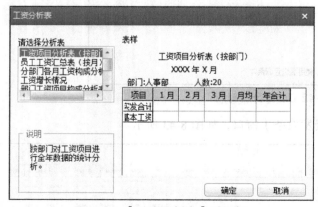

图 8-46 【工资分析表】对话框

图 8-47 选择工资分析表项目

（2）单击【确定】按钮，进入【工资项目分析表（按部门）】窗口。单击【部门】栏的下拉按钮，选择"财务处"，可以查看财务处工资项目构成情况，如图 8-48 所示。

部门：财务处

项目	1 月	月均	年度合计
应发合计	16,250.00	16,250.00	16,250.00
扣款合计	1,310.50	1,310.50	1,310.50
实发合计	14,930.00	14,930.00	14,930.00
本月扣零	9.50	9.50	9.50
上月扣零			
代扣税	10.50	10.50	10.50
代付税			
年终奖			
年终奖代扣			
工资代扣税	10.50	10.50	10.50
扣税合计	10.50	10.50	10.50
年终奖代付			
工资代付税			
基本工资	12,400.00	12,400.00	12,400.00
职务补贴	1,750.00	1,750.00	1,750.00
福利补贴	300.00	300.00	300.00
交通补贴	600.00	600.00	600.00
奖金	1,200.00	1,200.00	1,200.00
住房公积金	1,300.00	1,300.00	1,300.00
缺勤扣款			
缺勤天数			

图 8–48　查看财务处工资项目构成

5. 查询 1 月计提应付福利费的记账凭证

单击【业务导航】→【人力资源】→【薪资管理】→【统计分析】→【凭证查询】，打开【凭证查询】窗口，如图 8-49 所示。在【凭证查询】窗口中，选中“应付福利费”所在行，单击【凭证】按钮，打开计提应付福利费的转账凭证。

业务日期	业务类型	业务号	制单人	凭证日期	凭证号	标志
2023-01-31	应付工资	1	李明	2023-01-31	转-1	未审核
2023-01-31	应付福利费	2	李明	2023-01-31	转-2	未审核

图 8–49　凭证查询

【课堂研讨】

1. 月末结账处理的步骤是什么？
2. 查看财务处工资项目构成情况的步骤是什么？

学思小课堂

依法纳税

依法纳税是指纳税人在个人或企业经营活动中，按照国家税法规定的要求和程序纳税。纳税是一种社会责任和义务，也是一种经营道德，它是每个公民、企业应尽的义务。每个公民、企业必须依法缴纳税款，维护国家的公共利益和市场经济秩序。

　　未来每一名学生都有可能成为个人所得税的纳税人，因此本项目内容与现实生活息息相关。同时，2019 年以来，政府颁布了一系列减税降费政策。比如，个人所得税改革中将工资薪金、稿酬、劳务报酬等汇总纳税，并细化了专项附加扣除项目。教师在进行本项目的教学时，应结合减税降费等热点问题，增强学生的理论自信和文化自信，提升专业课堂的文化和思想内涵，以实现知识传授与价值引领的有机统一。

项目总结评价

　　本项目主要学习薪资管理的基本知识和操作方法。工作流程可总结为五个步骤：薪资管理系统的初始化设置—薪资变动及分摊设置—薪资分摊账务处理—薪资管理系统结账—薪资管理系统账表查询。

学生自评表

评价项目	质量要求	评价等级（A/B/C/D）
完成任务时间	在规定时间内完成任务 8.1～任务 8.4。	
任务完成质量	所有任务均按照要求完成，操作方法得当	
技能掌握情况	熟练掌握薪资管理系统的初始化设置、薪资变动及分摊设置、薪资分摊账务处理、薪资管理系统结账、薪资管理系统账表查询等操作步骤及方法	
团队协作情况	有效合作、有效沟通、目标一致完成小组任务	
语言表达能力	汇报思路清晰，内容介绍完整，回答问题正确	

教师评价表

评价项目	质量要求	评价等级（A/B/C/D）
课前预习情况	通过自主学习（如查阅资料、观看视频）获得相关知识	
学习态度	积极主动学习获得相关知识，回答问题积极	
沟通协作	有效合作、有效沟通、目标一致完成小组任务	
展示汇报	汇报思路清晰，内容介绍完整，操作熟练，回答问题正确	
操作规范	对信息综合分析处理恰当，按照工作流程完成任务操作	
技能掌握情况	熟练掌握薪资管理系统的初始化设置、薪资变动及分摊设置、薪资分摊账务处理、薪资管理系统结账、薪资管理系统账表查询等操作步骤及方法	
职业道德	牢固树立安全意识、团队合作意识和责任担当意识	

注：评价等级统一采用 A（优秀）/B（良好）/C（合格）/D（不合格）四档。

项目 9

UFO 报表系统管理

项目概述

UFO 报表系统的功能包括编制会计报表、创建报表、设计报表格式以及应用报表模板生成报表数据。本项目主要引导学生认知电子报表的意义，熟悉电子报表的工作内容，明确电子报表在用友 ERP-U8 管理系统中的地位，掌握电子报表的编制方法及步骤。

学习目标

1. 熟练利用报表模板生成报表。
2. 掌握会计报表中的公式设置。
3. 掌握设计利润表格式的方法。
4. 树立正确的价值观、金钱观，培养自律意识，倡导"守诚信、崇正义"。

业务处理流程

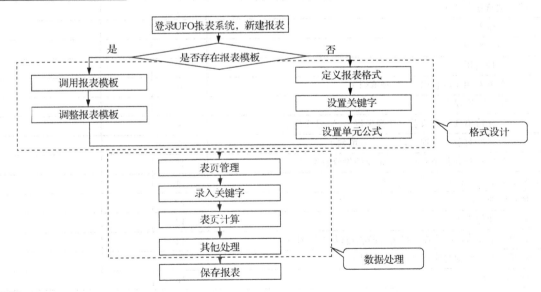

案例导入

UFO 报表系统的主要功能有文件管理、格式管理、数据处理、图表功能、打印功能和二次开发功能，提供各行业报表模板（包括现金流量表）。

蓝星公司是一家机械制造企业，企业每月要定期上报财务报表，高层管理人员也经常找财务人员要各种数据，每个月最后几天，财务人员焦头烂额，加班加点。这次用上了计算机系统，是不是账务处理完成之后，报表就能自动生成了呢？目前企业有些表格是用 Excel 编制的，财务软件中的 UFO 报表和 Excel 之间存在什么关系？在用友 ERP-U8 V15.0 系统中，这些业务将如何处理，以及如何操作？本项目将为我们解决这些问题。

课前任务

1. 观看教学视频，了解制作一张报表的流程。
2. 讨论分析财务软件中的 UFO 报表和 Excel 之间存在什么关系。

学习任务

任务 9.1　自定义报表

【任务书】

以 "001 李明" 的身份登录企业应用平台，登录时间为 2023 年 1 月 31 日。

（1）设置利润表的格式，如表 9-1 所示。

表 9-1　　　　　　　　　　　　利润表

项目	行数	本月数	本年累计数
一、主营业务收入	1		
减：主营业务成本	2		
税金及附加	3		
销售费用	4		
管理费用	5		
财务费用（收益以 "–" 号填列）	6		
资产减值损失	7		
加：公允价值变动净收益（净损失以 "–" 号填列）	8		
投资净收益（净损失以 "–" 号填列）	9		
其中：对联营企业与合营企业的投资收益	10		
二、营业利润（亏损以 "–" 号填列）	11		
加：营业外收入	12		
减：营业外支出	13		
其中：非流动资产处置净损失（净收益以 "–" 号填列）	14		
三、利润总额（亏损总额以 "–" 号填列）	15		
减：所得税	16		
四、净利润（净亏损以 "–" 号填列）	17		
五、每股收益：	18		
基本每股收益	19		
稀释每股收益	20		

（2）按新会计制度设计利润表的计算公式，如表9-2所示。

表 9-2　　　　　　　　　　　　报表公式

位置	单元公式	位置	单元公式
C5	FS("6001",月,"贷",,年)	D5	?C5+select(? D5,年@=年 and 月@=月+1)
C6	FS("6401",月,"借",,年)	D6	?C6+select(? D6,年@=年 and 月@=月+1)
C7	FS("6403",月,"借",,年)	D7	?C7+select(? D7,年@=年 and 月@=月+1)
C8	FS("6601",月,"借",,年)	D8	?C8+select(? D8,年@=年 and 月@=月+1)
C9	FS("6602",月,"借",,年)	D9	?C9+select(? D9,年@=年 and 月@=月+1)
C10	FS("6603",月,"借",,年)	D10	?C10+select(? D10,年@=年 and 月@=月+1)
C11	FS("6701",月,"借",,年)	D11	?C11+select(? D11,年@=年 and 月@=月+1)
C12	FS("6101",月,"借",,年)	D12	?C12+select(? D12,年@=年 and 月@=月+1)
C13	FS("6111",月,"借",,年)	D13	?C13+select(? D13,年@=年 and 月@=月+1)
C14		D14	
C15	C5-C6-C7-C8-C9-C10-C11+C12+C13	D15	?C15+select(? D15,年@=年 and 月@=月+1)
C16	FS("6301",月,"贷",,年)	D16	?C16+select(? D16,年@=年 and 月@=月+1)
C17	FS("6711",月,"借",,年)	D17	?C17+select(? D17,年@=年 and 月@=月+1)
C18		D18	
C19	C15+C16-C17	D19	?C19+select(? D19,年@=年 and 月@=月+1)
C20	FS("6801",月,"借",,年)	D20	?C20+select(? D20,年@=年 and 月@=月+1)
C21	C19-C20	D21	?C21+select(? D21,年@=年 and 月@=月+1)

（3）保存自制利润表至"我的文档"。
（4）生成自制利润表的数据。
（5）将已生成数据的自制利润表另存为"1月利润表"。

【工作准备】

1. UFO 报表系统的基本操作流程

对会计报表的操作和管理可分为两个阶段：第一个阶段是报表编制阶段，主要对会计报表的格式、内容、数据来源和公式运算进行定义；第二个阶段是报表日常处理阶段，包括生成报表数据、审核报表、汇总分析及输出打印。

2. 报表的格式状态和数据状态

在格式状态下可进行有关报表格式和公式设置的操作，主要设置内容包括表尺寸、行高和列宽、单元属性、组合单元、关键字、单元公式等。在格式状态下所做的操作对本报表的所有表页都发生作用。在格式状态下不能进行数据的录入和计算。在数据状态下可以对报表数据进行编辑和管理，主要操作内容包括输入或采集数据、增加或删除表页、审核数据、制作图表、合并报表等。在数据状态下不能修改报表的格式。

3. 单元属性

单元属性是对单元性质和表现形式的规定，包括单元类型、字体图案、对齐、边框等属性。

单元类型分为数值单元、字符单元和表样单元 3 种。在格式状态下已输入文字内容的单元，系统自动将其属性设置为表样单元；未输入文字内容的单元，系统自动将其属性设置为数值单元；字符单元则需另行设置。

4．计算公式

计算公式也称单元公式，用于定义报表数据来源以及运算关系。计算公式可以取本表中的数据，也可以取账套中的数据，还可以取其他表页以及其他报表中的数据。

【任务处理】

1．设置表尺寸

（1）登录企业应用平台，单击【业务导航】→【财务会计】→【UFO 报表】，进入 UFO 报表系统。

（2）单击【文件】→【新建】→【格式】→【表尺寸】，打开【表尺寸】对话框，输入行数"24"，列数"4"，如图 9-1 所示，单击【确认】按钮。

2．定义行高和列宽

（1）选中 A1 单元格，单击【格式】→【行高】，打开【行高】对话框，输入行高"12"，如图 9-2 所示，单击【确认】按钮。

操作视频

自定义报表（1）

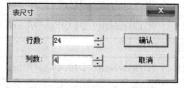

图 9-1　输入表尺寸

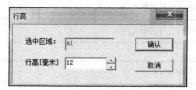

图 9-2　定义行高

（2）选中区域"A4:D24"，单击【格式】→【行高】，打开【行高】对话框，输入行高"6"，如图 9-3 所示，单击【确认】按钮。

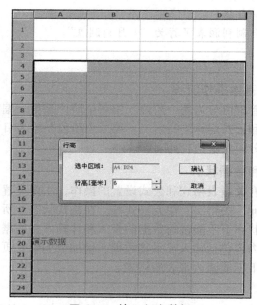

图 9-3　输入行高数据

（3）选中区域"A1:A24"，单击【格式】→【列宽】，打开【列宽】对话框，输入列宽"50"，如图 9-4 所示。以同样的方法设置 B 列、C 列和 D 列列宽，B 列列宽为"10"，C 列和 D 列列宽为"32"，单击【确认】按钮。

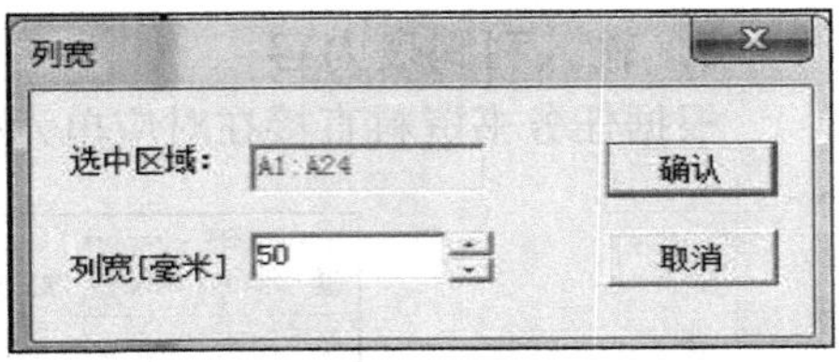

3．画表格线

选中区域"A4:D24"，单击【格式】→【区域画线】，打开【区域画线】对话框。画线类型选择"网线"，单击【确认】按钮，如图 9-5 所示。

图 9-4　输入列宽数据

图 9-5　画表格线

4．定义组合单元

选中区域"A1:D1"，单击【格式】→【组合单元】，打开【组合单元】对话框，单击【按行组合】按钮，如图 9-6 所示。

图 9-6　定义组合单元

5. 输入利润表内容

根据任务书资料直接在对应单元格输入所有内容，如图 9-7 所示。

图 9-7　输入利润表内容

6. 设置单元属性

（1）选中 A1 单元格，单击【格式】→【单元格属性】，打开【单元格属性】对话框，如图 9-8 所示。单击【字体图案】选项卡，字体选择"宋体"，字号选择"28"，如图 9-9 所示。

（2）单击【对齐】选项卡，水平方向选中【居中】，垂直方向选中【居中】，如图 9-10 所示。

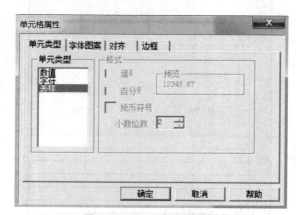

图 9-8　设置单元格属性

图 9-9　选择字体和字号

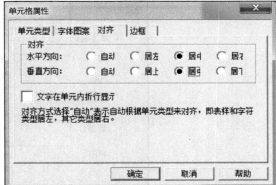

图 9-10　选择对齐方向

（3）选中区域"A4:D4"，将字体设置为"黑体"，字号设置为"14"，水平方向设置为"居中"，垂直方向设置为"居中"；选中区域"A5:D24"，将字体设置为"宋体"，字号设置为"14"，单击【确定】按钮。利润表格式设置完成界面如图 9-11 所示。

利润表			
项目	行数	本月数	本年累计数
一、营业收入	1		
减：营业成本	2		
税金及附加	3		
销售费用	4		
管理费用	5		
财务费用（收益以	6		
资产减值损失	7		
加：公允价值变动净收益	8		
投资净收益（净损	9		
其中：对联营企业与合	10		
二、营业利润（亏损以	11		
加：营业外收入	12		
减：营业外支出	13		
其中：非流动资产处置	14		
三、利润总额（亏损总	15		
减：所得税	16		
四、净利润（净亏损以	17		
五、每股收益：	18		
基本每股收益	19		

图 9-11　利润表格式设置完成界面

7．定义关键字

（1）选中 A3 单元格，单击【数据】→【关键字】→【设置】，打开【设置关键字】对话框，选中【单位名称】单选按钮，如图 9-12 所示，单击【确定】按钮。

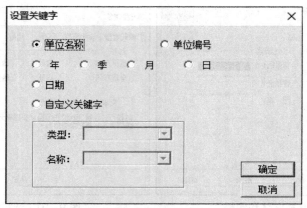

图 9-12　选中【单位名称】单选按钮

（2）用以上方法设置 C3 单元格的关键字为"年"，D3 单元格的关键字为"月"，设置结果如图 9-13 所示。

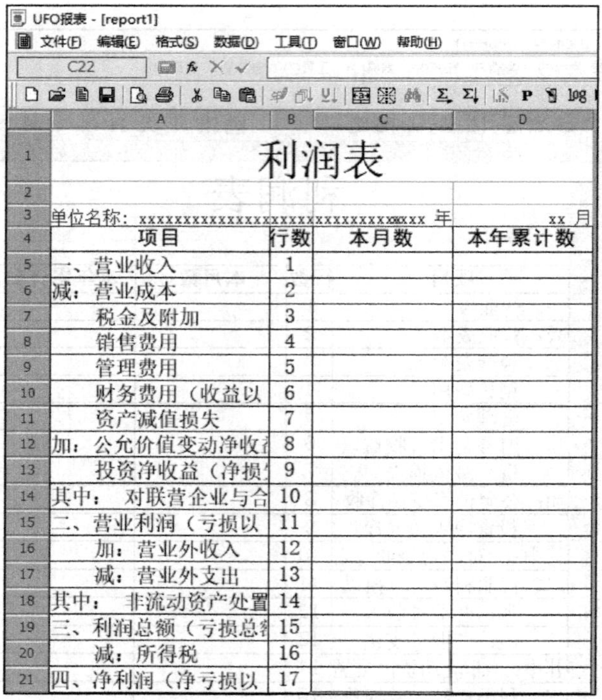

图 9-13　设置关键字结果

8. 录入单元公式

（1）选中 C5 单元格，单击【数据】→【编辑公式】→【单元公式】→【函数向导】，打开【函数向导】对话框。在【函数分类】列表框中选择"用友账务函数"，在【函数名】列表框中选择"发生（FS）"。

（2）单击【下一步】按钮，打开【用友账务函数】对话框，如图 9-14 所示。单击【参照】按钮，打开【账务函数】对话框，选择科目为"6001"、方向为"贷"，单击【确定】按钮，结果如图 9-15 所示，单击【确认】按钮。

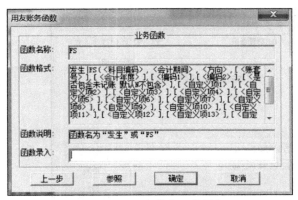

图 9-14 单击【参照】按钮

图 9-15 C5 单元格公式

（3）按此方法继续录入其他公式，录入完成界面如图 9-16 所示。

项目	行数	本月数	本年累计数
一、营业收入	1	公式单元	公式单元
减：营业成本	2	公式单元	公式单元
税金及附加	3	公式单元	公式单元
销售费用	4	公式单元	公式单元
管理费用	5	公式单元	公式单元
财务费用（收益以	6	公式单元	公式单元
资产减值损失	7	公式单元	公式单元
加：公允价值变动净收益	8	公式单元	公式单元
投资净收益（净损失	9	公式单元	公式单元
其中： 对联营企业与合	10	公式单元	公式单元
二、营业利润（亏损以	11	公式单元	公式单元
加：营业外收入	12	公式单元	公式单元
减：营业外支出	13	公式单元	公式单元
其中： 非流动资产处置	14	公式单元	公式单元
三、利润总额（亏损总额	15	公式单元	公式单元
减：所得税	16	公式单元	公式单元
四、净利润（净亏损以	17	公式单元	公式单元
五、每股收益	18	公式单元	公式单元
基本每股收益	19	公式单元	公式单元

图 9-16 单元格计算公式录入完成界面

9. 保存自制利润表

单击【文件】→【保存】，打开【另存为】对话框，选择保存路径，修改文件名为"自制利润表"，单击【另存为】按钮，如图 9-17 所示。

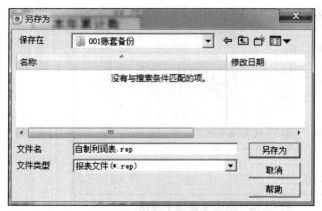

图 9-17 保存自制利润表

操作视频

自定义报表（2）

10. 打开自制利润表

在 UFO 报表系统中，单击【文件】→【打开】，打开自制利润表。

11. 录入关键字并计算报表数据

（1）单击【数据】→【关键字】→【录入】，打开【录入关键字】对话框，输入单位名称"蓝星公司"，年"2023"，月"1"，如图 9-18 所示。

（2）单击【确认】按钮，系统询问"是否重算第 1 页？"，单击【是】按钮，系统自动计算报表数据。报表数据计算结果如图 9-19 所示。

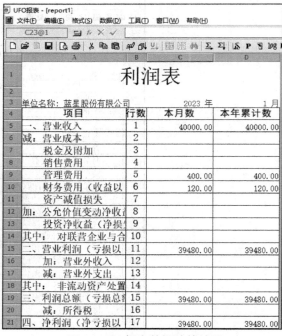

图 9-18 录入关键字

图 9-19 报表数据计算结果

12. 将已生成数据的利润表另存为"1 月利润表"

单击【文件】→【另存为】，打开【另存为】对话框，输入文件名"1 月利润表"，单击【另存为】按钮，如图 9-20 所示。

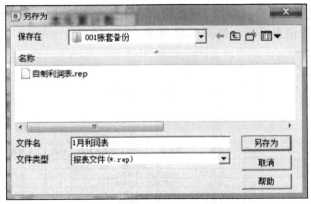

图 9-20　另存为"1 月利润表"

任务 9.2　报表模板应用

【任务书】

将系统日期修改为"2023 年 1 月 31 日",以李明的身份登录企业应用平台,进入 UFO 报表系统。

(1) 按 2007 年新会计制度科目生成 001 账套 1 月 31 日的资产负债表,单位名称为"蓝星股份有限公司",编制时间为 2023 年 1 月 31 日。

(2) 保存资产负债表到"我的文档"中。

【工作准备】

1. 应用报表模板

UFO 报表系统提供了多种常用的对外报表模板。利用系统中的会计报表模板,结合企业实际情况稍加修改,可以最大限度地减轻编制报表的工作量。

2. 生成报表数据

UFO 报表系统会根据报表文件,自动根据账套、会计期间和报表公式采集数据并进行计算。

【任务处理】

1. 建立资产负债表

(1) 以"001 李明"的身份登录企业应用平台,打开 UFO 报表系统,单击【文件】→【新建】→【格式】→【报表模板】,打开【报表模板】对话框,所在的行业选择"工业企业",财务报表选择"资产负债表",如图 9-21 所示。

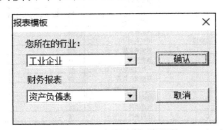

图 9-21　选择报表模板

操作视频

报表模板应用

（2）单击【确认】按钮，系统询问“模板格式将覆盖本表格式！是否继续？”，继续单击【确认】按钮，打开资产负债表模板，如图 9-22 所示。

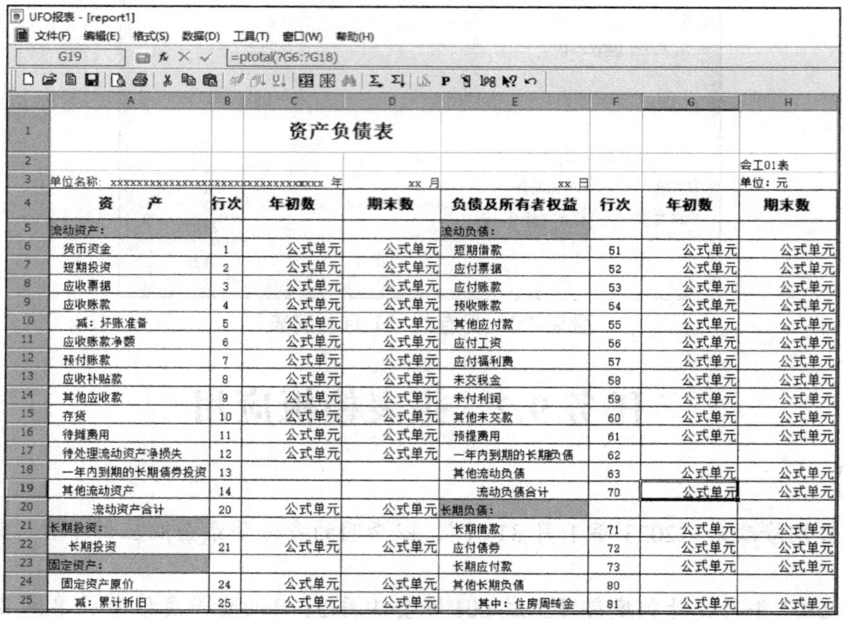

	A	B	C	D	E	F	G	H
1			资产负债表					
2								会工01表
3	单位名称: xxxxxxxxxxxxxxxxxxxxxxxxxxxxxxxxxx 年			xx 月	xx 日			单位：元
4	资　产	行次	年初数	期末数	负债及所有者权益	行次	年初数	期末数
5	流动资产:				流动负债:			
6	货币资金	1	公式单元	公式单元	短期借款	51	公式单元	公式单元
7	短期投资	2	公式单元	公式单元	应付票据	52	公式单元	公式单元
8	应收票据	3	公式单元	公式单元	应付账款	53	公式单元	公式单元
9	应收账款	4	公式单元	公式单元	预收账款	54	公式单元	公式单元
10	减：坏账准备	5	公式单元	公式单元	其他应付款	55	公式单元	公式单元
11	应收账款净额	6	公式单元	公式单元	应付工资	56	公式单元	公式单元
12	预付账款	7	公式单元	公式单元	应付福利费	57	公式单元	公式单元
13	应收补贴款	8	公式单元	公式单元	未交税金	58	公式单元	公式单元
14	其他应收款	9	公式单元	公式单元	未付利润	59	公式单元	公式单元
15	存货	10	公式单元	公式单元	其他未交款	60	公式单元	公式单元
16	待摊费用	11	公式单元	公式单元	预提费用	61	公式单元	公式单元
17	待处理流动资产净损失	12	公式单元	公式单元	一年内到期的长期负债	62		
18	一年内到期的长期债券投资	13			其他流动负债	63	公式单元	公式单元
19	其他流动资产	14			流动负债合计	70	公式单元	公式单元
20	流动资产合计	20	公式单元	公式单元	长期负债:			
21	长期投资:				长期借款	71	公式单元	公式单元
22	长期投资	21	公式单元	公式单元	应付债券	72	公式单元	公式单元
23	固定资产:				长期应付款	73	公式单元	公式单元
24	固定资产原价	24	公式单元	公式单元	其他长期负债	80		
25	减：累计折旧	25	公式单元	公式单元	其中：住房周转金	81	公式单元	公式单元

图 9-22　资产负债表模板

2. 录入关键字并计算报表数据

在报表格式状态下，单击【数据】按钮，系统询问“是否确定全表重算？”，单击【否】按钮，进入数据状态。在报表数据状态下，单击【数据】→【关键字】→【录入】，录入各项关键字，单击【确认】按钮，系统询问“是否重算第 1 页？”，继续单击【是】按钮，生成资产负债表的数据，如图 9-23 所示。

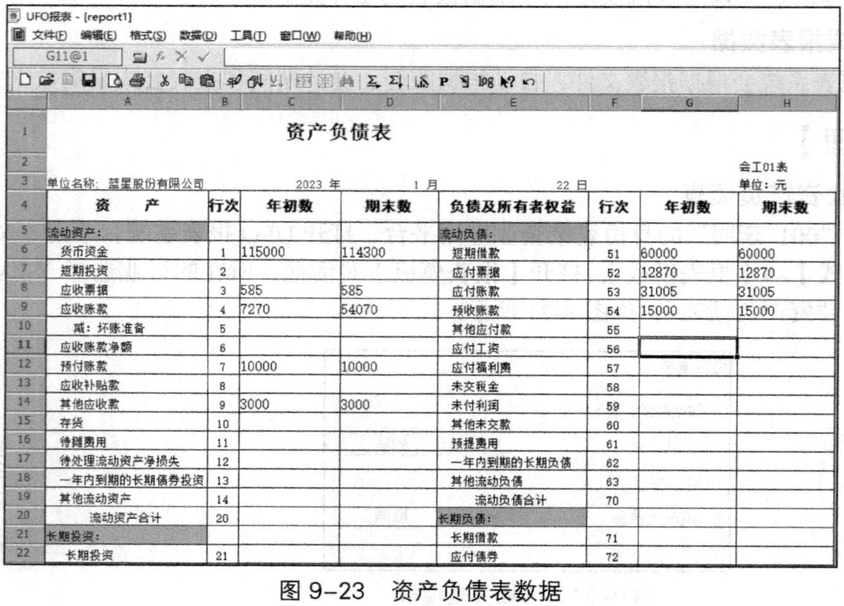

	A	B	C	D	E	F	G	H
1			资产负债表					
2								会工01表
3	单位名称：蓝星股份有限公司		2023 年	1 月	22 日			单位：元
4	资　产	行次	年初数	期末数	负债及所有者权益	行次	年初数	期末数
5	流动资产:				流动负债:			
6	货币资金	1	115000	114300	短期借款	51	60000	60000
7	短期投资	2			应付票据	52	12870	12870
8	应收票据	3	585	585	应付账款	53	31005	31005
9	应收账款	4	7270	54070	预收账款	54	15000	15000
10	减：坏账准备	5			其他应付款	55		
11	应收账款净额	6			应付工资	56		
12	预付账款	7	10000	10000	应付福利费	57		
13	应收补贴款	8			未交税金	58		
14	其他应收款	9	3000	3000	未付利润	59		
15	存货	10			其他未交款	60		
16	待摊费用	11			预提费用	61		
17	待处理流动资产净损失	12			一年内到期的长期负债	62		
18	一年内到期的长期债券投资	13			其他流动负债	63		
19	其他流动资产	14			流动负债合计	70		
20	流动资产合计	20			长期负债:			
21	长期投资:				长期借款	71		
22	长期投资	21			应付债券	72		

图 9-23　资产负债表数据

3. 保存资产负债表

单击【文件】→【保存】，即可保存资产负债表。

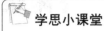 学思小课堂

依法诚信

2020 年 4 月，新商业模式下以最快速度在境外上市的瑞幸咖啡因伪造虚假销售 22 亿元陷入舆论旋涡。2020 年 7 月，公司股票被纳斯达克摘牌。

依法诚信经营是最基本的市场纪律，而企业更应该改进自身体系。监管部门要依法加强投资者保护，提高上市公司质量，确保真实、准确、完整、及时的信息披露，压实中介机构责任，对造假、欺诈等行为从重处理，坚决维护良好的市场环境，更好地发挥资本市场服务实体经济和投资者的功能。

项目总结评价

本项目主要学习利用 UFO 报表系统编制会计报表、创建报表、设计报表格式以及应用报表模板生成报表数据。UFO 报表系统的基本操作流程可总结为八个步骤：定义报表格式—设置关键字—设置单元公式—表页管理—录入关键字—表页计算—其他处理—保存报表。

学生自评表

评价项目	质量要求	评价等级（A/B/C/D）
完成任务时间	在规定时间内完成任务 9.1～任务 9.2	
任务完成质量	所有任务均按照要求完成，操作方法得当	
技能掌握情况	熟练掌握按业务要求编制会计报表和生成报表数据的方法	
团队协作情况	有效合作、有效沟通、目标一致完成小组任务	
语言表达能力	汇报思路清晰，内容介绍完整，回答问题正确	

教师评价表

评价项目	质量要求	评价等级（A/B/C/D）
课前预习情况	通过自主学习（如查阅资料、观看视频）获得相关知识	
学习态度	积极主动学习获得相关知识，回答问题积极	
沟通协作	有效合作、有效沟通、目标一致完成小组任务	
展示汇报	汇报思路清晰，内容介绍完整，操作熟练，回答问题正确	
操作规范	对信息综合分析处理恰当，按照工作流程完成任务操作	
技能掌握情况	掌握按业务要求编制会计报表和生成报表数据的方法	
职业道德	牢固树立安全意识、团队合作意识和责任担当意识	

注：评价等级统一采用 A（优秀）/B（良好）/C（合格）/D（不合格）四档。

会计信息系统应用综合实训

实训 1 系统管理和基础设置

【实训目的】

（1）掌握用友 ERP-U8 V15.0 软件中系统管理和基础设置的相关内容。

（2）理解系统管理在整个系统中的作用及基础设置的重要性。

【实训内容】

（1）增加操作员；（2）建立账套；（3）进行操作用户及其权限设置；（4）输入基础信息；（5）备份账套数据；（6）修改账套参数。

【实训准备】

（1）已正确安装用友 ERP-U8 V15.0 软件。

（2）在控制面板"区域和语言设置"中设置系统日期格式为"yyyy-mm-dd"。

【实训资料】

1．建立新账套

（1）账套信息如下。

账套号：学号最后三位（如学号为 201201010101，则账套号为 101）。账套名称：成都阳光信息技术股份有限公司。采用默认账套路径。启用会计期：2023 年 4 月。会计期间：默认。

（2）单位信息如下。

单位名称：成都阳光信息技术有限公司。单位简称：阳光公司。单位地址：成都市金牛区信息路 999 号。法人代表：肖剑。邮政编码：610039。联系电话及传真：028-1234567。税号：110108200711013。

（3）核算类型如下。

该企业的记账本位币：人民币。企业类型：工业。行业性质：2007 新会计制度。账套主管：学生本人姓名。选中"按行业性质预置科目"复选框。

（4）基础信息如下。

该企业有外币核算，进行经济业务处理时，需要对存货、客户、供应商进行分类。

（5）该企业的分类编码方案如下。

科目编码级次：4-2-2-2。客户和供应商分类编码级次：2-2-3。收发类别编码级次：1-2。部门编码级次：1-2-2。结算方式编码级次：1-2。区分类编码级次：2-2-3。存货分类编码：1-2-2。

其余默认。

（6）数据精度。该企业对存货数量、单价小数位定为 2。

（7）系统启用。启用总账系统，启用时间为 2023-04-01。

2. 操作用户及其权限设置

（1）账套号+01 本人姓名。

角色：账套主管。所在部门：财务部。该角色负责财务业务一体化管理系统运行环境的建立及各项初始设置工作；负责软件的日常运行管理工作，监督并保证系统有效、安全、正常运行；负责总账管理系统的凭证审核、记账、账簿查询、月末结账工作；负责报表管理及其财务分析工作。

具有系统所有模块的全部权限。

（2）账套号+02 王晶。

角色：出纳。所在部门：财务部。该角色负责现金、银行账管理工作，具有"总账——凭证——出纳签字""总账——出纳"的操作权限。

（3）账套号+03 马方。

角色：总账会计、应收会计、应付会计。所在部门：财务部。该角色负责总账系统的凭证管理工作以及存货、客户往来、供应商往来管理工作；具有总账管理、应收款管理、应付款管理的全部操作权限。

（4）账套号+04 白雪。

角色：采购主管、仓库主管、存货核算员。所在部门：采购部。该角色主要负责采购业务处理；具有公共目录设置、应收款管理、应付款管理、总账管理、采购管理、销售管理、库存管理、存货核算的全部操作权限。

（5）账套号+05 王丽。

角色：销售主管、仓库主管、存货核算员。所在部门：销售部。该角色主要负责销售业务处理；具有公共目录设置、应收款管理、应付款管理、总账管理、采购管理、销售管理、库存管理、存货核算的全部操作权限。

> !!! 注意
>
> 以上权限设置只是为了实训中的学习，与企业实际分工可能有所不同，企业不同部门操作员比较多，人员分工比较细致。

3. 设置基础档案

（1）成都阳光信息技术有限公司部门档案资料见附表 1-1。

附表 1-1 部门档案

部门编码	部门名称	部门属性	部门编码	部门名称	部门属性
1	管理中心	管理部门	202	采购部	采购管理
101	总经理办公室	综合管理	3	制造中心	生产部门
102	财务部	财务管理	301	一车间	生产制造
2	供销中心	供销管理	302	二车间	生产制造
201	销售部	市场营销			

（2）人员类别信息如下。

本企业在职人员分为 4 类：1001——企业管理人员；1002——经营人员；1003——车间管理人员；1004——车间人员。

（3）人员档案信息见附表 1-2。

附表 1-2　　　　　　　　　　　人员档案

人员编号	人员姓名	性别	人员类别	行政部门	是否业务员	是否操作员	对应操作员编码
101	肖剑	男	企业管理人员	总经理办公室	是		
111	本人姓名	男/女	企业管理人员	财务部		是	账套号+01
112	王晶	女	企业管理人员	财务部		是	账套号+02
113	马方	女	企业管理人员	财务部		是	账套号+03
114	白雪	女	经营人员	采购部	是	是	账套号+04
115	王丽	男	经营人员	销售部	是	是	账套号+05
202	孙健	女	经营人员	销售部	是		
212	李平	男	经营人员	采购部	是		

（4）地区分类如下。

该公司地区分类为：01——东北地区；02——华北地区；03——华东地区；04——华南地区；05——西北地区；06——西南地区。

（5）供应商分类如下。

该公司供应商分类为：01——原料供应商；02——成品供应商。

（6）客户分类如下。

该公司客户分类为：01——批发；02——零售；03——代销；04——专柜。

（7）客户档案见附表 1-3。

附表 1-3　　　　　　　　　　　客户档案

客户编号	客户名称简称	所属分类码	所属地区	税号	开户银行	银行账号	地址	邮编	扣率	分管部门	分管业务员
001	华宏公司	01	06	120009884732788	工行上地分行	73853654	成都市金牛区上地路 1 号	100077	5	销售部	王丽
002	昌新贸易公司	01	02	120008456732310	工行华苑分行	69325581	天津市南开区华苑路 1 号	300310		销售部	王丽
003	精益公司	04	03	310106548765432	工行徐汇分行	36542234	上海市徐汇区天平路 8 号	200032		销售部	孙健
004	利氏公司	03	01	108369856003251	中行平房分行	43810548	哈尔滨平房区和平路 16 号	150008	10	销售部	孙健

（8）供应商档案见附表 1-4。

附表 1-4　　　　　　　　　　　　　　供应商档案

供应商编号	供应商名称	所属分类码	所属地区	税号	开户银行	银行账号	地址	邮编	分管部门	分管业务员
001	兴华公司	01	06	110567453698462	中行	48723367	成都市朝阳区十里堡8号	610045	采购部	白雪
002	建昌公司	01	06	110479865267583	中行	76473293	成都市金牛区开拓路108号	610036	采购部	白雪
003	泛美商行	02	03	320888465372657	工行	55561278	南京市湖北路100号	230187	采购部	李平
004	艾德公司	02	03	310103695431012	工行	85115076	上海市浦东新区东方路1号甲	200232	采购部	李平

【实训要求】

（1）设置系统日期为 2023-04-01，以系统管理员 admin 的身份，进行增加操作员、建立账套、操作用户及其权限设置、备份账套操作。

（2）以账套主管身份进行系统启用、基础档案设置、账套数据修改操作。

实训 2　总账系统管理

【实训目的】

（1）掌握用友 ERP-U8 V15.0 软件中总账系统管理初始设置的相关内容。

（2）理解总账系统初始设置的含义。

（3）掌握总账系统管理初始设置的具体内容和操作方法。

【实训内容】

（1）总账系统参数设置。

（2）基础档案设置：会计科目、凭证类别、外币及汇率、结算方式、辅助核算档案等。

（3）期初余额录入。

【实训准备】

设置系统日期为 2023-04-01，引入"实训 1"账套数据，完成以下操作：

（1）以系统管理员的身份注册进入系统管理，执行【账套】→【引入】命令，打开【请选择账套备份文件】对话框。

（2）选择"实训 1"账套数据所在的磁盘驱动器，进入文件"UferpAct.lst"所在位置，选择该文件，按提示完成账套引入操作。

【实训资料】

（1）总账系统控制参数见附表 2-1。

附表 2-1　　　　　　　　　　总账系统控制参数设置

选项卡	参数设置
凭证	☑制单序时控制　☑支票控制　赤字控制：资金往来科目　赤字控制方式：提示 可以使用应收款、应付款、存货受控科目 取消"现金流量科目必需录入现金流量项目"选项 凭证编号方式采用系统编号

会计信息系统应用
（用友 ERP-U8 V15.0 微课版）

续表

选项卡	参数设置
账簿	账簿打印位数按软件的标准设定；明细账打印按年排页
凭证打印	打印凭证页脚姓名
预算控制	超出预算允许保存
权限	出纳凭证必须经由出纳签字；允许修改、作废他人填制的凭证；可查询他人凭证；明细账查询权限控制到科目
会计日历	会计日历为 1 月 1 日—12 月 31 日；数量小数单位和单价小数单位设置为 2 位
其他	外币核算采用固定汇率；部门、个人、项目按编码方式排序

（2）基础数据如下。

① 外币及汇率。币符：USD。币名：美元。固定汇率为 1:7.275（此汇率只供演示账套使用）。

② 2023 年 4 月会计科目及期初余额表见附表 2-2。

附表 2-2　　　　　会计科目及期初余额表　　　　　金额单位：元

科目名称	辅助核算	方向	币别计量	累计借方发生额	累计贷方发生额	期初余额
库存现金 1001	日记	借		18 889.65	18 860.65	6 875.70
银行存款 1002	日记银行	借		469 251.88	370 000.35	511 057.16
工行存款 100201	日记银行	借		469 251.88	370 000.35	511 057.16
中行存款 100202	日记银行	借	美元			
应收账款 1122	客户往来	借		60 000.00	20 000.00	157 600.00
预付账款 1123	供应商往来	借				
其他应收款 1221		借		4 200.00	5 410.27	3 800.00
应收单位款 122101	客户往来	借				
应收个人款 122102	个人往来	借		4 200.00	5 410.27	3 800.00
坏账准备 1231		贷		3 000.00	6 000.00	10 000.00
材料采购 1401		借			80 000.00	-80 000.00
原材料 1403		借		293 180.00		1 004 000.00
生产用原材料 140301	数量核算	借	吨	293 180.00		1 004 000.00
材料成本差异 1404		借		2 410.27		1 642.00
库存商品 1405		借		140 142.54	90 000.00	2 554 000.00
委托加工物资 1408		借				
周转材料 1411		借				
固定资产 1601		借				260 860.00
累计折旧 1602		贷			39 511.89	47 120.91
在建工程 1604		借				
人工费 160401	项目核算	借				
材料费 160402	项目核算	借				
其他 160403	项目核算	借				
无形资产 1701		借			58 500.00	58 500.00

210

续表

科目名称	辅助核算	方向	币别计量	累计借方发生额	累计贷方发生额	期初余额
待处理财产损益 1901						
待处理流动资产损益 190101						
待处理固定资产损益 190102						
短期借款 2001		贷			200 000.00	200 000.00
应付账款 2202	供应商往来	贷		150 557.26	60 000.00	276 850.00
预收账款 2203	客户往来	贷				
应付职工薪酬 2211		贷			3 400.00	8 200.00
应缴税费 2221		贷		36 781.37	15 581.73	−16 800.00
应交增值税 222101		贷		36 781.37	15 581.73	−16 800.00
进项税额 22210101		借		36 781.37		−33 800.00
销项税额 22210105		贷			15 581.73	17 000.00
应付利息 2231		贷				
借款利息 223101		贷				
其他应付款 2241		贷			2 100.00	2 100.00
实收资本 4001		贷				2 609 052.00
本年利润 4103		贷				1 478 000.00
利润分配 4104		贷		13 172.74	9 330.55	−119 022.31
未分配利润 410415		贷		13 172.74	9 330.55	−119 022.31
生产成本 5001	项目核算	借		8 711.37	10 122.38	17 165.74
直接材料 500101	项目核算	借		4 800.00	5 971.00	10 000.00
直接人工 500102	项目核算	借		861.00	900.74	4 000.74
制造费用 500103	项目核算	借		2 850.00	3 050.00	2 000.00
折旧费 500104	项目核算	借		200.37	200.64	1 165.00
其他 500105	项目核算	借				
制造费用 5101		借				
工资 510101		借				
折旧费 510102		借				
主营业务收入 6001		贷		350 000.00	350 000.00	
其他业务收入 6051		贷		250 000.00	250 000.00	
主营业务成本 6401		借		300 000.00	300 000.00	
其他业务成本 6402		借		180 096.55	180 096.55	
税金及附加 6403		借		8 561.28	8 561.28	
销售费用 6601		借		5 000.00	5 000.00	
管理费用 6602		借		23 221.33	23 221.33	
薪资 660201	部门核算	借		8 542.96	8 542.96	
福利费 660202	部门核算	借		1 196.01	1 196.01	

续表

科目名称	辅助核算	方向	币别计量	累计借方发生额	累计贷方发生额	期初余额
办公费 660203	部门核算	借		568.30	568.30	
差旅费 660204	部门核算	借		5 600.23	5 600.23	
招待费 660205	部门核算	借		4 621.56	4 621.56	
折旧费 660206	部门核算	借		2 636.27	2 636.27	
其他 660207	部门核算	借		56.00	56.00	
财务费用 6603		借		8 000.00	8 000.00	
利息支出 660301		借		8 000.00	8 000.00	

注：①将"库存现金 1001"科目指定为现金总账科目；将"银行存款 1002"科目指定为银行总账科目；将"库存现金 1001""工行存款 100201""中行存款 100202"科目指定为现金流量科目。②部门核算期初数据均假设为总经理办公室。

③ 凭证类别见附表 2-3。

附表 2-3　　　　　　　　　　凭证类别设置

凭证类别	限制类型	限制科目
收款凭证	借方必有	1001，100201，100202
付款凭证	贷方必有	1001，100201，100202
转账凭证	凭证必无	1001，100201，100202

④ 结算方式见附表 2-4。

附表 2-4　　　　　　　　　　结算方式设置

结算方式编码	结算方式名称	是否票据管理
1	现金结算	否
2	支票结算	否
201	现金支票	是
202	转账支票	是
3	其他	否

⑤ 项目目录如下。

项目大类：生产成本 5001。

核算科目：生产成本及其下级所有明细科目。

项目分类：1——自行开发项目，2——委托开发项目。

项目名称：1-101——普通打印纸-A4，1-102——凭证套打纸-8X，所属分类码均为1。

⑥ 数据权限分配如下。

操作员白雪只具有应收账款、预付账款、应付账款、预收账款、其他应收款 5 个科目的明细账查询权限。白雪和马方具有所有部门的查询和录入权限。

（3）期初数据如下。

① 总账期初余额表见附表 2-2。

② 辅助账期初余额表：在【期初往来明细】窗口录入以下数据，分别如附表 2-5 至附表 2-8 所示。

附表 2-5　　　　　　　　　　应收账款（期初往来明细）

会计科目：1122　　　　　　　　　　应收账款　　　　　　　　　　期初余额：借 157 600 元

日期	凭证号	客户	业务员	摘要	方向	期初余额	票号	票据日期
2023-02-25	转-118	华宏公司	王丽	销售商品	借	99 600.00	P111	2023-02-25
2023-03-10	转-15	昌新贸易公司	王丽	销售商品	借	58 000.00	Z111	2023-03-10

附表 2-6　　　　　　　其他应收款——应收个人款（期初往来明细）

会计科目：122102　　　　　　　其他应收款——应收个人款　　　　　　　期初余额：借 3 800 元

日期	凭证号	部门	个人	摘要	方向	期初余额
2023-03-26	付-118	总经理办公室	肖剑	出差借款	借	2 000.00
2023-03-27	付-156	销售部	孙健	出差借款	借	1 800.00

附表 2-7　　　　　　　　　　应付账款（期初往来明细）

会计科目：2202　　　　　　　　　　应付账款　　　　　　　　　　期初余额：贷 276 850 元

日期	凭证号	供应商	业务员	摘要	方向	期初余额	票号	票据日期
2023-01-20	转-45	兴华公司	白雪	购买原材料	贷	276 850.00	C123	2023-01-20

附表 2-8　　　　　　　　　　生产成本（期初往来明细）

会计科目：5001　　　　　　　　　　生产成本　　　　　　　　　　期初余额：借 17 165.74 元

科目名称	普通打印纸-A4	凭证套打纸-8X	合计
直接材料 500101	4 000.00	6 000.00	10 000.00
直接人工 500102	1 500.00	2 500.74	4 000.74
制造费用 500103	800.00	1 200.00	2 000.00
折旧费 500104	500.00	665.00	1 165.00
合计	6 800.00	10 365.74	17 165.74

③ 辅助账累计借方、累计贷方发生额：在【辅助期初余额】窗口录入以下数据，分别如附表 2-9 至附表 2-12 所示。

附表 2-9　　　　　　　　　　应收账款（辅助期初余额）

会计科目：1122　　应收账款

日期	凭证号	客户	业务员	摘要	方向	余额	票号	票据日期
2023-02-25	转-118	华宏公司	王丽	销售商品	借	60 000.00	P111	2023-02-25
2023-03-10	转-15	昌新贸易公司	王丽	销售商品	贷	20 000.00	Z111	2023-03-10

附表 2-10　　　　　　其他应收款——应收个人款（辅助期初余额）

会计科目：122102　　其他应收款——应收个人款

日期	凭证号	部门	个人	摘要	方向	余额
2023-03-26	付-118	总经理办公室	肖剑	出差借款	借	4 200.00
2023-03-27	付-156	销售部	孙健	出差借款	贷	5 410.27

附表 2-11　　　　　　　　　应付账款（辅助期初余额）

会计科目：2202　　　　应付账款

日期	凭证号	供应商	业务员	累计借方	累计贷方	票号	票据日期
2023-02-20	转-45	兴华公司	白雪	150 557.26	60 000.00	C123	2023-02-20

附表 2-12　　　　　　　　　生产成本（辅助期初余额）

会计科目：5001　　　　　　　　生产成本　　　　　　　　明细项目：普通打印纸-A4

科目名称	累计借方	累计贷方
直接材料 500101	4 800.00	5 971.00
直接人工 500102	861.00	900.74
制造费用 500103	2 850.00	3 050.00
折旧费 500104	200.370	200.64

【实训要求】

以账套主管的身份进行总账初始设置。

实训 3　总账系统日常业务处理

【实训目的】

（1）掌握用友 ERP-U8 V15.0 软件中总账系统日常业务处理的相关内容。

（2）熟悉总账系统日常业务处理的各种操作。

（3）掌握凭证管理、出纳管理和账簿管理的具体内容和操作方法。

【实训内容】

（1）凭证管理：填制凭证、审核凭证、凭证记账。

（2）出纳管理：出纳签字，现金日记账、银行存款日记账和资金日报表的查询支票登记。

（3）账簿管理：总账、科目余额表、明细账、辅助账的查询。

【实训准备】

引入"实训 2"账套数据。

【实训资料】

1. 凭证管理

2023 年 4 月企业发生的经济业务如下。

（1）4 月 2 日，采购部白雪购买了 200 元的办公用品，以现金支付，附单据一张。

借：管理费用——办公费（660203）　　　　　　　　　　　　200

　　贷：库存现金（1001）　　　　　　　　　　　　　　　　　　　　200

（2）4 月 3 日，财务部王晶从工行提取现金 10 000 元，作为备用金，现金支票号 XJ001。

借：库存现金（1001）　　　　　　　　　　　　　　　　　10 000

　　贷：银行存款——工行存款（100201）　　　　　　　　　　　　10 000

（3）4 月 5 日，收到兴华集团投资资金 10000 美元，汇率 1∶7.275，转账支票号 ZZW001。

　　借：银行存款——中行存款（100202）　　　　　　　　72 750

　　　　贷：实收资本（4001）　　　　　　　　　　　　　　　72 750

（4）4 月 8 日，采购部白雪采购原纸 10 吨，每吨 5 000 元，材料直接入库，货款以银行存款支付，转账支票号 ZZR001。

　　借：原材料——生产用原材料（140301）　　　　　　　50 000

　　　　贷：银行存款——工行存款（100201）　　　　　　　　50 000

（5）4 月 12 日，销售部王丽收到华宏公司转来一张转账支票，金额 99 600 元，用以偿还前欠货款，转账支票号 ZZR002。

　　借：银行存款——工行存款（100201）　　　　　　　99 600

　　　　贷：应收账款（1122）　　　　　　　　　　　　　　99 600

（6）4 月 14 日，采购部白雪从兴华公司购入图书 100 册，单价 80 元，货税款暂欠，商品已验收入库，适用税率 9%。

　　借：库存商品（1405）　　　　　　　　　　　　　　8 000

　　　　应交税费——应交增值税（进项税额）（22210101）　720

　　　　贷：应付账款（2202）　　　　　　　　　　　　　　8 720

（7）4 月 16 日，总经理办公室支付业务招待费 1 200 元，转账支票号 ZZR003。

　　借：管理费用——招待费（660205）　　　　　　　　1 200

　　　　贷：银行存款——工行存款（100201）　　　　　　　1 200

（8）4 月 18 日，总经理办公室肖剑出差归来，报销差旅费 2 000 元，交回现金 200 元。

　　借：管理费用——差旅费（660204）　　　　　　　　1 800

　　　　库存现金（1001）　　　　　　　　　　　　　　200

　　　　贷：其他应收款（122102）　　　　　　　　　　　　2 000

（9）4 月 20 日，一车间领用原纸 5 吨，单价 5 000 元，用于生产普通打印纸-A4。

　　借：生产成本——直接材料（500101）　　　　　　　25 000

　　　　贷：原材料——生产用原材料（140301）　　　　　　25 000

2. 出纳管理

4 月 25 日，采购部李平借转账支票（票号 155）一张，限用金额 5 000 元。

【实训要求】

（1）以总账会计的身份进行填制凭证、凭证查询操作。

（2）以出纳的身份进行出纳签字，现金日记账、银行存款日记账和资金日报表的查询，以及支票登记操作。

（3）以账套主管的身份进行审核、记账、账簿查询操作。

实训 4 总账系统期末业务处理

【实训目的】

（1）掌握用友 ERP-U8 V15.0 软件中总账系统期末业务处理的相关内容。

（2）熟悉总账系统期末业务处理的各种操作步骤。

（3）掌握银行对账、自动转账设置与生成和期末结账的操作方法。

【实训内容】

（1）银行对账；（2）自动转账；（3）对账；（4）结账。

【实训准备】

设置系统日期为 2023-04-30，引入"实训 3"账套数据。

【实训资料】

1. 银行对账

（1）银行对账期初录入。

阳光公司银行账的启用日期为 2023-04-01，方向为借方。工行人民币户企业日记账调整前余额为 511 057.16 元，银行对账单调整前余额为 533 829.16 元，未达账项一笔，系银行已收企业未收款 22 772 元（2023 年 3 月 31 日，结算方式 202，借方）。

（2）4 月银行对账单见附表 4-1。

附表 4-1   4 月银行对账单   单位：元

日期	结算方式	票号	借方金额	贷方金额
2023-04-03	201	XJ001		10 000
2023-04-06				60 000
2023-04-08	202	ZZR001		50 000
2023-04-12	202	ZZR002	99 600	

2. 自动转账定义及生成

（1）自定义结转。按短期借款期末余额的 0.2% 计提短期借款利息。

借：财务费用/利息支出（660301）   QM（2001,月）*0.002

    贷：应付利息（223101）   JG（）

（2）期末调整汇率 7.275，自动结转汇兑损益，科目为"财务费用"。

【实训要求】

（1）以王晶的身份进行银行对账操作。

（2）以马方的身份进行自动转账操作。

（3）以账套主管的身份进行审核、记账、对账、结账操作。

实训 5　UFO 报表系统管理

【实训目的】

（1）理解报表编制的原理及流程。

（2）掌握报表格式定义、公式定义的操作方法及报表单元公式的用法。

（3）掌握报表数据处理、表页管理及图表功能等操作。

（4）掌握如何利用报表模板生成一张报表。

【实训内容】

（1）自定义一张报表。

（2）利用报表模板生成报表。

【实训准备】

引入"实训4"账套数据。

【实训资料】

1．货币资金表

（1）报表格式见附表5-1。

附表5-1　　　　　　　　　　　　　　　货币资金表

单位名称：　　　　　　　　　　　　　　年　月　日　　　　　　　　　　　　　　单位：元

项目	行次	期初数	期末数
库存现金	1		
银行存款	2		
合计	3		

制表人：

表头：标题"货币资金表"设置为黑体、14号，居中；单位名称、年、月、日设置为关键字。

表体：文字设置为楷体、12号，居中。

表尾："制表人："设置为宋体、10号，右对齐第4栏。

（2）报表公式如下。

库存现金期初数：C4=QC("1001",月)　　库存现金期末数：D4=QM("1001",月)

银行存款期初数：C5=QC("1002",月)　　银行存款期末数：D5=QM("1002",月)

2．资产负债表和利润表

利用报表模板生成资产负债表和利润表。

3．现金流量表

利用报表模板生成现金流量表。

【实训要求】

设置系统日期为2023-04-30，以账套主管身份登录系统进行UFO报表管理工作。

实训6　薪资管理

【实训目的】

（1）掌握用友ERP-U8 V15.0软件中薪资管理系统的相关内容。

（2）掌握薪资管理系统初始化、日常业务处理、薪资分摊及期末处理的操作。

会计信息系统应用
（用友 ERP-U8 V15.0 微课版）

【实训内容】

（1）薪资管理系统初始化设置。
（2）薪资管理系统日常业务处理。
（3）薪资分摊及期末处理。
（4）薪资管理系统数据查询。

【实训准备】

设置系统日期为 2023-04-01，引入"实训 2"账套数据。

实训资料

1. 建立工资账套

工资类别个数：多个。核算计件工资。核算币种：人民币。要求代扣个人所得税。不进行扣零处理，人员编码长度 3 位。启用日期：2023 年 4 月。

2. 基础信息设置

（1）工资项目设置如附表 6-1 所示。

附表 6-1 工资项目设置

项目名称	类型	长度	小数位数	增减项
基本工资	数字	8	2	增项
奖励工资	数字	8	2	增项
交通补贴	数字	8	2	增项
应发合计	数字	10	2	增项
请假天数	数字	8	2	其他
请假扣款	数字	8	2	减项
养老保险金	数字	8	2	减项
代扣税	数字	8	2	减项
扣款合计	数字	10	2	减项
实发合计	数字	10	2	增项

（2）人员档案设置。

① 工资类别 1：正式人员。部门选择：所有部门。工资项目：基本工资、奖励工资、交通补贴、应发合计、请假天数、请假扣款、养老保险金、代扣税、扣款合计、实发合计。正式人员档案信息如附表 6-2 所示。

计算公式：

请假扣款=请假天数*20

养老保险金=（基本工资+奖励工资）*0.05

交通补贴=IFF（人员类别="企业管理人员" OR 人员类别="车间管理人员",100,50）

附表 6-2 正式人员档案

人员编号	人员姓名	部门名称	人员类别	账号	中方人员	是否计税	计件工资
101	肖剑	总经理办公室	企业管理人员	20060080001	是	是	否
102	陈明	财务部	企业管理人员	20060080002	是	是	否
112	王晶	财务部	企业管理人员	20060080003	是	是	否

续表

人员编号	人员姓名	部门名称	人员类别	账号	中方人员	是否计税	计件工资
113	马方	财务部	企业管理人员	20060080004	是	是	否
114	白雪	采购部	经营人员	20060080005	是	是	否
212	李平	采购部	经营人员	20060080006	是	是	否
115	王丽	销售部	经营人员	20060080007	是	是	否
202	孙健	销售部	经营人员	20060080008	是	是	否
301	周月	一车间	车间管理人员	20060080009	是	是	否
302	孟强	一车间	车间人员	20060080010	是	是	否

注：以上所有人员的代发银行均为工商银行成都分行中关村分理处。

② 工资类别 2：临时人员。部门选择：制造中心。工资项目：计件工资。临时人员档案信息如附表 6-3 所示。

附表 6-3　　　　　　　　　　临时人员档案

人员编号	人员姓名	部门名称	人员类别	账号	中方人员	是否计税	计件工资
311	罗江	一车间	车间人员	20060080031	是	是	是
312	刘青	二车间	车间人员	20060080032	是	是	是

（3）银行名称为工商银行成都分行中关村分理处；账号定长为 11。

（4）计件工资标准：工时，有"组装工时"和"检验工时"两项；计件工资单价是组装工时 12 元，检验工时 8 元。

3. 工资数据

（1）人员工资情况。

正式人员 4 月初工资情况如附表 6-4 所示。

附表 6-4　　　　　　　　　　正式人员 4 月初工资情况　　　　　　　　　　单位：元

姓名	基本工资	奖励工资	姓名	基本工资	奖励工资
肖剑	5 000	500	李平	2 000	200
陈明	3 000	300	王丽	4 500	450
王晶	2 000	200	孙键	3 000	300
马方	2 500	200	周月	4 500	450
白雪	3 000	300	孟强	3 500	350

临时人员工资情况：2023-04-30，罗江组装工时 180 个，刘青检验工时 200 个。

（2）4 月工资变动情况。

考勤情况：王丽请假 2 天，白雪请假 1 天。

人员调动情况：因工作需要，决定招聘李力（编号 213）到采购部担任经营人员，其基本工资为 2 000 元，无奖励工资，代发工资银行账号为 20060080011。

发放奖金情况：因销售部业绩较好，每人增加奖励工资 200 元。

4．代扣个人所得税

计税基数 5 000 元，税率按照现行个人所得税税率计算。

5．工资分摊

应付工资总额等于工资项目"实发合计"，工会经费、养老保险金也以此为计提基数。工资费用分配的转账分录如附表 6-5 所示。

附表 6-5　　　　　　　　　　转账分录

部门	工资分摊	应付职工薪酬		工会经费 2%	
		借方科目	贷方科目	借方科目	贷方科目
总经理办公室、财务部	企业管理人员	660201	2211	660207	2211
采购部、销售部	经营人员	6601	2211		
一车间	车间管理人员	510101	2211		
	车间人员	500102	2211		

【实训要求】

以账套主管的身份进行工资业务处理。

实训 7　固定资产管理

【实训目的】

（1）掌握用友 ERP-U8 V15.0 软件中固定资产管理系统的相关内容。

（2）掌握固定资产管理系统初始化设置、日常业务处理、期末处理的操作方法。

【实训准备】

系统日期设置为 2023-04-01，引入"实训二"账套数据。

【实训内容】

（1）固定资产管理系统参数设置，原始卡片录入。

（2）日常业务：资产增减、资产变动、资产评估、生成凭证、账表查询。

（3）期末处理：计提减值准备、计提折旧、对账和结账。

【实训资料】

1．初始设置

（1）控制参数设置如下。

- 约定与说明：我同意。
- 启用月份：2023 年 4 月。
- 折旧信息：本账套计提折旧，折旧方法为平均年限法（一）；折旧汇总分配周期为 1 个月，当"月初已计提月份=可使用月份-1"时，将剩余折旧全部提足。
- 编码方式：资产类别编码方式为 2-1-1-2，固定资产编码方式按"类别编码+部门编码+序号"自动编码，卡片序号长度为 3。

- 财务接口：与账务系统进行对账。固定资产对账科目：固定资产（1601）。累计折旧对账科目：累计折旧（1602）。
- 补充参数：业务发生后立即制单；月末结账前一定要完成制单业务。固定资产默认入账科目：1601。累计折旧默认入账科目：1602。减值准备默认入账科目：1603。

（2）资产类别见附表 7-1。

附表 7-1　　　　　　　　　　　　资产类别

编码	类别名称	净残值率	计量单位	计提属性
01	交通运输设备	4%	台	正常计提
011	经营用设备	4%	台	正常计提
012	非经营用设备	4%	台	正常计提
02	电子设备及其他通信设备	4%	台	正常计提
021	经营用设备	4%	台	正常计提
022	非经营用设备	4%	台	正常计提

（3）部门及对应折旧科目部门。

管理中心、采购部：管理费用——折旧费。

销售部：销售费用。

制造中心：制造费用——折旧费。

（4）增减方式的对应入账科目。

增加方式——直接购入：工行存款（100201）。

减少方式——毁损：固定资产清理（1606）。

（5）固定资产原始卡片如附表 7-2 所示。

附表 7-2　　　　　　　　　　固定资产原始卡片　　　　　　　　　　金额单位：元

固定资产名称	类别编号	所在部门	增加方式	可使用年限	开始使用日期	原值	累计折旧	对应折旧科目名称
轿车	012	总经理办公室	直接购入	6	2023-02-01	215 470.00	37 254.75	管理费用——折旧费
笔记本电脑	022	总经理办公室	直接购入	5	2023-03-01	28 900.00	5 548.80	管理费用——折旧费
传真机	022	总经理办公室	直接购入	5	2023-02-01	3 510.00	1 825.20	管理费用——折旧费
微机	021	一车间	直接购入	5	2023-03-01	6 490.00	1 246.08	制造费用——折旧费
微机	021	一车间	直接购入	5	2023-03-01	6 490.00	1 246.08	制造费用——折旧费
合计						260 860.00	47 120.91	—

注：净残值率均为 4%，使用状况均为"在用"，折旧方法均采用平均年限法（一）。

2. 日常及期末业务

2023 年 4 月发生的业务如下。

（1）4月21日，财务部购买扫描仪一台，价值1500元，净残值率4%，预计使用年限5年。

（2）4月23日，对轿车进行资产评估，评估结果为原值200 000元，累计折旧45 000元。

（3）4月30日，计提本月折旧费用。

（4）4月30日，一车间毁损微机一台。

3. 下月业务

2023年5月发生的业务如下。

（1）5月16日，总经理办公室的轿车添置新配件10 000元。

（2）5月27日，总经理办公室的传真机转移到采购部。

（3）5月31日，经核查对2017年购入的笔记本电脑计提1 000元减值准备。

（4）5月31日，对总经理办公室的资产进行盘点。盘点情况为：只有一辆编号为012101001的轿车。

【实训要求】

以账套主管的身份进行固定资产管理操作。

实训8 应收款管理

【实训目的】

（1）掌握用友ERP-U8 V15.0软件中应收款管理系统的相关内容。

（2）掌握应收款管理系统初始化设置、日常业务处理及期末处理的操作。

（3）理解应收款管理在总账系统核算与在应收款管理系统核算的区别。

【实训内容】

（1）初始化设置：设置账套参数、初始设置。

（2）日常处理：收款结算、转账处理、坏账处理、制单、查询统计。

（3）期末处理：期末结账。

【实训准备】

系统日期设置为：2023-04-01，引入"实训2"账套数据。

【实训资料】

1. 初始设置

（1）控制参数：坏账处理方式为"应收余额百分比法"，自动计算现金折扣。

（2）设置科目如下。

• 基本科目设置：应收科目为1122，预收科目为2203，销售收入科目为6001，应交增值税科目为"22210105"。

• 控制科目设置：所有客户的控制科目——应收科目为1122，预收科目为2203。

• 结算方式科目设置：现金支票——人民币，100201；转账支票——人民币，100201。

（3）坏账准备设置：提取比例为0.5%，坏账准备期初余额为800元，坏账准备科目为1231，对方科目为660207。

（4）账期内账龄区间及逾期账龄区间：01——1～30天，总30天；02——31～60天，总60天；03——61～90天，总90天；04——91天及以上。

（5）计量单位组：编号为01，单位组名称为"基本计量单位"，单位组类别为"无换算率"。

（6）计量单位：01——盒，无换算关系；02——台，无换算关系；03——只，无换算关系；04——千米，无换算关系。

（7）存货分类见附表8-1。

附表8-1　　　　　　　　　　　　　　存货分类

存货类别编码	存货类别名称	存货类别编码	存货类别名称
1	原材料	201	计算机
101	主机	3	配套用品
10101	处理器	301	配套材料
10102	硬盘	302	配套硬件
102	显示器	30201	打印机
103	键盘	30202	传真机
104	鼠标	303	配套软件
2	产成品	9	应税劳务

（8）存货档案见附表8-2。

附表8-2　　　　　　　　　　　　　　存货档案　　　　　　　　　　　　金额单位：元

存货编码	存货名称	所属类别	计量单位	税率	存货属性	参考成本	参考售价
001	酷睿双核处理器	10101	盒	13%	外购、生产耗用、销售	1 200	
002	500GB硬盘	10102	盒	13%	外购、生产耗用、销售	800	1 000
003	23英寸液晶屏	102	台	13%	外购、生产耗用、销售	2 200	2 500
004	键盘	103	只	13%	外购、生产耗用、销售	100	120
005	鼠标	104	只	13%	外购、生产耗用、销售	50	60
006	计算机	201	台	13%	自制、销售	5 000	6 500
007	HP激光打印机	30201	台	13%	自制、销售	2 000	2 300
008	运输费	9	千米	13%	外购、销售、应税劳务		

（9）期初余额如下。

会计科目：应收账款（1122）　　　　　借方余额：157 600元

相关票据信息如附表8-3至附表8-5所示。

附表8-3　　　　　　　　　　　　　　普通发票　　　　　　　　　　　　金额单位：元

开票日期	客户	销售部门	科目	货物名称	数量	含税单价	金额
2023-02-25	华宏公司	销售部	1 122	键盘	1 992	50	99 600

附表 8-4 　　　　　　　　　　　　　　　增值税专用发票 　　　　　　　　　　　　　　　金额单位：元

开票日期	客户	销售部门	科目	货物名称	数量	无税单价	税率	金额
2023-03-10	昌新贸易公司	销售部	1122	23 英寸液晶屏	18	2500	13%	50 850

附表 8-5 　　　　　　　　　　　　　　　　其他应收单 　　　　　　　　　　　　　　　　　单位：元

单据日期	客户	销售部门	科目	摘要	金额
2023-03-10	昌新贸易公司	销售部	1122	代垫运费	5 350

（10）开户银行：编码为 01，名称为工商银行成都分行中关村分理处，银行账号为
831658796206。

2. 2023 年 4 月发生的经济业务

（1）4 月 2 日，销售部向华宏公司销售计算机 10 台，单价 6 500 元/台，开出普通发票，货
已发出。

（2）4 月 4 日，销售部向精益公司销售 23 英寸液晶屏 20 台，单价 2 500 元/台，开出增值
税专用发票。货已发出，同时代垫运费 5 000 元。

（3）4 月 5 日，收到华宏公司交来转账支票一张，金额 65 000 元，支票号 ZZ001，用以归
还前欠货款。

（4）4 月 7 日，收到昌新贸易公司交来转账支票一张，金额 100 000 元，支票号 ZZ002，用
以归还前欠货款及代垫运费，剩余款转为预收账款。

（5）4 月 9 日，华宏公司交来转账支票一张，金额 10 000 元，支票号 ZZ003，作为预购酷
睿双核处理器的定金。

（6）4 月 10 日，将精益公司购买 23 英寸液晶屏的应收款 58 500 元转给昌新贸易公司。

（7）4 月 11 日，用华宏公司交来的 10 000 元定金冲抵其期初应收款项。

（8）4 月 17 日，确认本月 4 日为精益公司代垫运费 5 000 元，作为坏账处理。

（9）4 月 30 日，计提坏账准备。

【实训要求】

以账套主管身份进行应收款管理操作。

实训 9　应付款管理

【实训目的】

（1）掌握用友 ERP-U8 V15.0 软件中应付款管理系统的相关内容。

（2）掌握应付款管理系统初始化设置、日常业务处理及期末处理的操作。

（3）理解应付款管理在总账系统核算与在应收款管理系统核算的区别。

【实训内容】

（1）初始化设置：设置账套参数、初始设置。

（2）日常处理：付款结算、转账处理、制单、查询统计。

（3）期末处理：期末结账。

【实训准备】

系统日期设置为 2023-04-01，引入"实训 8"账套数据。

【实训资料】

1. 初始设置

（1）控制参数：应付款核销方式为"按单据"，单据审核日期依据为"业务日期"，应付款核算类型为"详细核算"，受控科目制单依据为"明细到供应商"，非受控科目制单方式为"汇总方式"，启用供应商权限，并且按信用方式根据单据提前 7 天自动报警。

（2）科目设置如下。

- 基本科目设置：应付科目为 2202，预付科目为 1123，采购科目为 1401，采购税金科目为 22210101，银行承兑科目为 2201，商业承兑科目为 2201，现金折扣科目为 6603，票据利息科目为 6603，票据费用科目为 6603，收支费用科目为 6601。
- 结算方式科目设置：现金结算方式科目为 1001，现金支票结算方式科目、转账支票结算方式科目、信汇结算方式科目、电汇结算方式科目及银行汇票结算方式科目均为 100201。

（3）逾期账龄区间：总天数分别为 30 天、60 天、90 天和 120 天。

（4）预警级别：A 级的总比率为 10%，B 级的总比率为 20%，C 级的总比率为 30%，D 级的总比率为 40%，E 级的总比率为 50%，总比率在 50% 以上为 F 级。

（5）计量单位组：编号为 01，单位组名称为"基本计量单位"，单位组类别为"无换算率"。

（6）计量单位：01——盒，无换算关系；02——台，无换算关系；03——只，无换算关系；04——千米，无换算关系。

（7）期初余额。应付账款科目的期初余额中涉及兴华公司（购买原材料）的余额为 276 850 元，以应付单形式录入，如附表 9-1 所示。

附表 9-1　　　　　　　　　　　　　　　应付单　　　　　　　　　　　　　　　单位：元

日期	供应商	方向	金额	业务员
2023-01-20	兴华公司	贷	276 850	李平

（8）开户银行：编码为 01，名称为工商银行成都分行中关村分理处，银行账号为 831658796206。

2. 2023 年 4 月发生的经济业务

（1）4 月 2 日，从艾德公司采购打印机 10 台，单价 1 500 元，收到普通发票，货已发出。

（2）4 月 4 日，从建昌公司采购 21 英寸显示器 20 台，单价 2 300 元，增值税税率为 13%，收到增值税专用发票，货已发出，对方同时代垫运费 2 000 元。

（3）4 月 5 日，开给兴华公司转账支票一张，金额 15 000 元，支票号 ZZ004，用以归还期初所欠部分键盘货款。

（4）4 月 7 日，开给建昌公司转账支票一张，金额 120 000 元，支票号 ZZ005，用以归丕期初所欠货款及代垫运费，剩余款转为预付账款。

（5）4 月 9 日，开给兴华公司转账支票一张，金额 100 000 元，支票号 ZZ006，作为预购 PII 芯片的定金。

（6）4 月 10 日，将从建昌公司购买 21 英寸显示器的应付款余款转给兴华公司。

（7）4 月 11 日，用兴华公司的 100 000 元定金来冲抵其期初应付剩余键盘款及部分硬盘款项。

【实训要求】

以账套主管身份进行应付款管理操作。